ITALIANO

VOCABULARIO

PALABRAS MÁS USADAS

ESPAÑOL-ITALIANO

Las palabras más útiles
Para expandir su vocabulario y refinar
sus habilidades lingüísticas

5000 palabras

Vocabulario Español-Italiano - 5000 palabras más usadas

por Andrey Taranov

Los vocabularios de T&P Books buscan ayudar en el aprendizaje, la memorización y la revisión de palabras de idiomas extranjeros. El diccionario se divide por temas, cubriendo toda la esfera de las actividades cotidianas, de negocios, ciencias, cultura, etc.

El proceso de aprendizaje de palabras utilizando los diccionarios temáticos de T&P Books le proporcionará a usted las siguientes ventajas:

- La información del idioma secundario está organizada claramente y predetermina el éxito para las etapas subsiguientes en la memorización de palabras.
- Las palabras derivadas de la misma raíz se agrupan, lo cual permite la memorización de grupos de palabras en vez de palabras aisladas.
- Las unidades pequeñas de palabras facilitan el proceso de reconocimiento de enlaces de asociación que se necesitan para la cohesión del vocabulario.
- De este modo, se puede estimar el número de palabras aprendidas y así también el nivel de conocimiento del idioma.

T&P Books Publishing
www.tpbooks.com

ISBN: 978-1-78314-030-5

Este libro está disponible en formato electrónico o de E-Book también.
Visite www.tpbooks.com o las librerías electrónicas más destacadas en la Red.

VOCABULARIO ITALIANO
palabras más usadas

Los vocabularios de T&P Books buscan ayudar al aprendiz a aprender, memorizar y repasar palabras de idiomas extranjeros. Los vocabularios contienen más de 5000 palabras comúnmente usadas y organizadas de manera temática.

- El vocabulario contiene las palabras corrientes más usadas.
- Se recomienda como ayuda adicional a cualquier curso de idiomas.
- Capta las necesidades de aprendices de nivel principiante y avanzado.
- Es conveniente para uso cotidiano, prácticas de revisión y actividades de auto-evaluación.
- Facilita la evaluación del vocabulario.

Aspectos claves del vocabulario

- Las palabras se organizan según el significado, no según el orden alfabético.
- Las palabras se presentan en tres columnas para facilitar los procesos de repaso y auto-evaluación.
- Los grupos de palabras se dividen en pequeñas secciones para facilitar el proceso de aprendizaje.
- El vocabulario ofrece una transcripción sencilla y conveniente de cada palabra extranjera.

El vocabulario contiene 155 temas que incluyen lo siguiente:

Conceptos básicos, números, colores, meses, estaciones, unidades de medidas, ropa y accesorios, comida y nutrición, restaurantes, familia nuclear, familia extendida, características de personalidad, sentimientos, emociones, enfermedades, la ciudad y el pueblo, exploración del paisaje, compras, finanzas, la casa, el hogar, la oficina, el trabajo en oficina, importación y exportación, promociones, búsqueda de trabajo, deportes, educación, computación, la red, herramientas, la naturaleza, los países, las nacionalidades y más ...

TABLA DE CONTENIDO

Guía de pronunciación 9
Abreviaturas 10

CONCEPTOS BÁSICOS 12
Conceptos básicos. Unidad 1 12

1. Los pronombres 12
2. Saludos. Salutaciones. Despedidas 12
3. Modos del trato: Como dirigirse a otras personas 13
4. Números cardinales. Unidad 1 13
5. Números cardinales. Unidad 2 14
6. Números ordinales 15
7. Números. Fracciones 15
8. Números. Operaciones básicas 15
9. Números. Miscelánea 15
10. Los verbos más importantes. Unidad 1 16
11. Los verbos más importantes. Unidad 2 17
12. Los verbos más importantes. Unidad 3 18
13. Los verbos más importantes. Unidad 4 19
14. Los colores 19
15. Las preguntas 20
16. Las preposiciones 21
17. Las palabras útiles. Los adverbios. Unidad 1 21
18. Las palabras útiles. Los adverbios. Unidad 2 23

Conceptos básicos. Unidad 2 25

19. Los días de la semana 25
20. Las horas. El día y la noche 25
21. Los meses. Las estaciones 26
22. Las unidades de medida 28
23. Contenedores 29

EL SER HUMANO 30
El ser humano. El cuerpo 30

24. La cabeza 30
25. El cuerpo 31

La ropa y los accesorios 32

26. La ropa exterior. Los abrigos 32
27. Men's & women's clothing 32

28. La ropa. La ropa interior 33
29. Gorras 33
30. El calzado 33
31. Accesorios personales 34
32. La ropa. Miscelánea 34
33. Productos personales. Cosméticos 35
34. Los relojes 36

La comida y la nutrición 37

35. La comida 37
36. Las bebidas 38
37. Las verduras 39
38. Las frutas. Las nueces 40
39. El pan. Los dulces 41
40. Los platos al horno 41
41. Las especias 42
42. Las comidas 43
43. Los cubiertos 44
44. El restaurante 44

La familia nuclear, los parientes y los amigos 45

45. La información personal. Los formularios 45
46. Los familiares. Los parientes 45

La medicina 47

47. Las enfermedades 47
48. Los síntomas. Los tratamientos. Unidad 1 48
49. Los síntomas. Los tratamientos. Unidad 2 49
50. Los síntomas. Los tratamientos. Unidad 3 50
51. Los médicos 51
52. La medicina. Las drogas. Los accesorios 51

EL AMBIENTE HUMANO 53
La ciudad 53

53. La ciudad. La vida en la ciudad 53
54. Las instituciones urbanas 54
55. Los avisos 55
56. El transporte urbano 56
57. La exploración del paisaje 57
58. Las compras 58
59. El dinero 59
60. La oficina de correos 60

La vivienda. La casa. El hogar 61

61. La casa. La electricidad 61

62. La villa. La mansión 61
63. El apartamento 61
64. Los muebles. El interior 62
65. Los accesorios de la cama 63
66. La cocina 63
67. El baño 64
68. Los aparatos domésticos 65

LAS ACTIVIDADES DE LA GENTE 66
El trabajo. Los negocios. Unidad 1 66

69. La oficina. El trabajo de oficina 66
70. Los métodos de los negocios. Unidad 1 67
71. Los métodos de los negocios. Unidad 2 68
72. La producción. Los trabajos 69
73. El contrato. El acuerdo 70
74. Importación y Exportación 71
75. Las finanzas 71
76. La mercadotecnia 72
77. La publicidad 73
78. La banca 73
79. El teléfono. Las conversaciones telefónicas 74
80. El teléfono celular 75
81. Los artículos de escritorio 75
82. Tipos de negocios 76

El trabajo. Los negocios. Unidad 2 78

83. El espectáculo. La exhibición 78
84. La ciencia. La investigación. Los científicos 79

Las profesiones y los oficios 81

85. La búsqueda de trabajo. El despido del trabajo 81
86. Los negociantes 81
87. Los trabajos de servicio 82
88. La profesión militar y los rangos 83
89. Los oficiales. Los sacerdotes 84
90. Las profesiones agrícolas 84
91. Las profesiones artísticas 85
92. Profesiones diversas 85
93. Los trabajos. El estatus social 87

La educación 88

94. La escuela 88
95. Los institutos. La Universidad 89
96. Las ciencias. Las disciplinas 90
97. Los sistemas de escritura. La ortografía 90
98. Los idiomas extranjeros 91

Los restaurantes. El entretenimiento. El viaje 93

99. El viaje. Viajar 93
100. El hotel 93

EL EQUIPO TÉCNICO. EL TRANSPORTE 95
El equipo técnico 95

101. El computador 95
102. El internet. El correo electrónico 96
103. La electricidad 97
104. Las herramientas 97

El transporte 100

105. El avión 100
106. El tren 101
107. El barco 102
108. El aeropuerto 103

Acontecimientos de la vida 105

109. Los días festivos. Los eventos 105
110. Los funerales. El entierro 106
111. La guerra. Los soldados 106
112. La guerra. Las maniobras militares. Unidad 1 107
113. La guerra. Las maniobras militares. Unidad 2 109
114. Las armas 110
115. Los pueblos antiguos 112
116. La edad media 112
117. El líder. El jefe. Las autoridades 114
118. Violar la ley. Los criminales. Unidad 1 115
119. Violar la ley. Los criminales. Unidad 2 116
120. La policía. La ley. Unidad 1 117
121. La policía. La ley. Unidad 2 118

LA NATURALEZA 120
La tierra. Unidad 1 120

122. El espacio 120
123. La tierra 121
124. Los puntos cardinales 122
125. El mar. El océano 122
126. Los nombres de los mares y los océanos 123
127. Las montañas 124
128. Los nombres de las montañas 125
129. Los ríos 125
130. Los nombres de los ríos 126
131. El bosque 126
132. Los recursos naturales 127

La tierra. Unidad 2 129

133. El tiempo 129
134. Los eventos climáticos severos. Los desastres naturales 130

La fauna 131

135. Los mamíferos. Los predadores 131
136. Los animales salvajes 131
137. Los animales domésticos 132
138. Los pájaros 133
139. Los peces. Los animales marinos 135
140. Los anfibios. Los reptiles 135
141. Los insectos 136

La flora 137

142. Los árboles 137
143. Los arbustos 137
144. Las frutas. Las bayas 138
145. Las flores. Las plantas 139
146. Los cereales, los granos 140

LOS PAÍSES. LAS NACIONALIDADES 141

147. Europa occidental 141
148. Europa central y oriental 141
149. Los países de la antes Unión Soviética 142
150. Asia 142
151. América del Norte 143
152. Centroamérica y Sudamérica 143
153. África 144
154. Australia. Oceanía 144
155. Las ciudades 144

GUÍA DE PRONUNCIACIÓN

T&P alfabeto fonético	Ejemplo italiano	Ejemplo español
[a]	**casco** ['kasko]	radio
[e]	**sfera** ['sfera]	verano
[i]	**filo** ['filo]	ilegal
[o]	**dolce** ['doltʃe]	bordado
[u]	**siluro** [si'luro]	mundo
[y]	**würstel** ['vyrstel]	pluma
[b]	**busta** ['busta]	en barco
[d]	**andare** [an'dare]	desierto
[dz]	**zinco** ['dzinko]	inglés kids
[dʒ]	**Norvegia** [nor'vedʒa]	jazz
[ʒ]	**garage** [ga'raʒ]	adyacente
[f]	**ferrovia** [ferro'via]	golf
[g]	**ago** ['ago]	jugada
[k]	**cocktail** ['koktejl]	charco
[j]	**piazza** ['pjattsa]	asiento
[l]	**olive** [o'live]	lira
[ʎ]	**figlio** ['fiʎʎo]	lágrima
[m]	**mosaico** [mo'zaiko]	nombre
[n]	**treno** ['treno]	número
[ŋ]	**granchio** ['graŋkio]	manga
[ɲ]	**magnete** [ma'ɲete]	leña
[p]	**pallone** [pal'lone]	precio
[r]	**futuro** [fu'turo]	era, alfombra
[s]	**triste** ['triste]	salva
[ʃ]	**piscina** [pi'ʃina]	shopping
[t]	**estintore** [estin'tore]	torre
[ts]	**spezie** ['spetsie]	tsunami
[tʃ]	**lancia** ['lantʃa]	mapache
[v]	**volo** ['volo]	travieso
[w]	**whisky** ['wiski]	acuerdo
[z]	**deserto** [de'zerto]	desde

ABREVIATURAS
usadas en el vocabulario

Abreviatura en español

adj	-	adjetivo
adv	-	adverbio
anim.	-	animado
conj	-	conjunción
etc.	-	etcétera
f	-	sustantivo femenino
f pl	-	femenino plural
fam.	-	uso familiar
fem.	-	femenino
form.	-	uso formal
inanim.	-	inanimado
innum.	-	innumerable
m	-	sustantivo masculino
m pl	-	masculino plural
m, f	-	masculino, femenino
masc.	-	masculino
mat	-	matemáticas
mil.	-	militar
num.	-	numerable
p.ej.	-	por ejemplo
pl	-	plural
pron	-	pronombre
sg	-	singular
v aux	-	verbo auxiliar
vi	-	verbo intransitivo
vi, vt	-	verbo intransitivo, verbo transitivo
vr	-	verbo reflexivo
vt	-	verbo transitivo

Abreviatura en italiano

agg	-	adjetivo
f	-	sustantivo femenino
f pl	-	femenino plural
m	-	sustantivo masculino
m pl	-	masculino plural
m, f	-	masculino, femenino
pl	-	plural

v aus	-	verbo auxiliar
vi	-	verbo intransitivo
vi, vt	-	verbo intransitivo, verbo transitivo
vr	-	verbo reflexivo
vt	-	verbo transitivo

CONCEPTOS BÁSICOS

Conceptos básicos. Unidad 1

1. Los pronombres

yo	**io**	['io]
tú	**tu**	['tu]
él	**lui**	['luj]
ella	**lei**	['lej]
nosotros, -as	**noi**	['noj]
vosotros, -as	**voi**	['voi]
ellos, ellas	**loro, essi**	['loro], ['essi]

2. Saludos. Salutaciones. Despedidas

¡Hola! (fam.)	**Buongiorno!**	[buon'dʒorno]
¡Hola! (form.)	**Salve!**	['salve]
¡Buenos días!	**Buongiorno!**	[buon'dʒorno]
¡Buenas tardes!	**Buon pomeriggio!**	[bu'on pome'ridʒo]
¡Buenas noches!	**Buonasera!**	[buona'sera]
decir hola	**salutare** (vt)	[salu'tare]
¡Hola! (a un amigo)	**Ciao! Salve!**	['ʧao], ['salve]
saludo (m)	**saluto** (m)	[sa'luto]
saludar (vt)	**salutare** (vt)	[salu'tare]
¿Cómo estás?	**Come va?**	['kome 'va]
¿Qué hay de nuevo?	**Che c'è di nuovo?**	[ke ʧe di nu'ovo]
¡Chau! ¡Adiós!	**Arrivederci!**	[arrive'derʧi]
¡Hasta pronto!	**A presto!**	[a 'presto]
¡Adiós!	**Addio!**	[ad'dio]
despedirse (vr)	**congedarsi** (vr)	[kondʒe'darsi]
¡Hasta luego!	**Ciao!**	['ʧao]
¡Gracias!	**Grazie!**	['gratsie]
¡Muchas gracias!	**Grazie mille!**	['gratsie 'mille]
De nada	**Prego**	['prego]
No hay de qué	**Non c'è di che!**	[non ʧe di 'ke]
De nada	**Di niente**	[di 'njente]
¡Disculpa!	**Scusa!**	['skuza]
¡Disculpe!	**Scusi!**	['skuzi]
disculpar (vt)	**scusare** (vt)	[sku'zare]
disculparse (vr)	**scusarsi** (vr)	[sku'zarsi]

Mis disculpas	**Chiedo scusa**	['kjedo 'skuza]
¡Perdóneme!	**Mi perdoni!**	[mi per'doni]
perdonar (vt)	**perdonare** (vt)	[perdo'nare]
¡No pasa nada!	**Non fa niente**	[non fa 'njente]
por favor	**per favore**	[per fa'vore]
¡No se le olvide!	**Non dimentichi!**	[non di'mentiki]
¡Ciertamente!	**Certamente!**	[ʧerta'mente]
¡Claro que no!	**Certamente no!**	[ʧerta'mente no]
¡De acuerdo!	**D'accordo!**	[dak'kordo]
¡Basta!	**Basta!**	['basta]

3. Modos del trato: Como dirigirse a otras personas

señor	**signore**	[si'ɲore]
señora	**signora**	[si'ɲora]
señorita	**signorina**	[siɲo'rina]
joven	**signore**	[si'ɲore]
niño	**ragazzo**	[ra'gattso]
niña	**ragazza**	[ra'gattsa]

4. Números cardinales. Unidad 1

cero	**zero** (m)	['ʤzero]
uno	**uno**	['uno]
dos	**due**	['due]
tres	**tre**	['tre]
cuatro	**quattro**	['kwattro]
cinco	**cinque**	['ʧinkwe]
seis	**sei**	['sej]
siete	**sette**	['sette]
ocho	**otto**	['otto]
nueve	**nove**	['nove]
diez	**dieci**	['djeʧi]
once	**undici**	['undiʧi]
doce	**dodici**	['dodiʧi]
trece	**tredici**	['trediʧi]
catorce	**quattordici**	[kwat'tordiʧi]
quince	**quindici**	['kwindiʧi]
dieciséis	**sedici**	['sediʧi]
diecisiete	**diciassette**	[diʧas'sette]
dieciocho	**diciotto**	[di'ʧotto]
diecinueve	**diciannove**	[diʧan'nove]
veinte	**venti**	['venti]
veintiuno	**ventuno**	[ven'tuno]
veintidós	**ventidue**	['venti 'due]
veintitrés	**ventitre**	['venti 'tre]
treinta	**trenta**	['trenta]

treinta y uno	**trentuno**	[tren'tuno]
treinta y dos	**trentadue**	[trenta 'due]
treinta y tres	**trentatre**	[trenta 'tre]
cuarenta	**quaranta**	[kwa'ranta]
cuarenta y uno	**quarantuno**	[kwa'rant'uno]
cuarenta y dos	**quarantadue**	[kwa'ranta 'due]
cuarenta y tres	**quarantatre**	[kwa'ranta 'tre]
cincuenta	**cinquanta**	[ʧin'kwanta]
cincuenta y uno	**cinquantuno**	[ʧin'kwant'uno]
cincuenta y dos	**cinquantadue**	[ʧin'kwanta 'due]
cincuenta y tres	**cinquantatre**	[ʧin'kwanta 'tre]
sesenta	**sessanta**	[ses'santa]
sesenta y uno	**sessantuno**	[sessan'tuno]
sesenta y dos	**sessantadue**	[ses'santa 'due]
sesenta y tres	**sessantatre**	[ses'santa 'tre]
setenta	**settanta**	[set'tanta]
setenta y uno	**settantuno**	[settan'tuno]
setenta y dos	**settantadue**	[set'tanta 'due]
setenta y tres	**settantatre**	[set'tanta 'tre]
ochenta	**ottanta**	[ot'tanta]
ochenta y uno	**ottantuno**	[ottan'tuno]
ochenta y dos	**ottantadue**	[ot'tanta 'due]
ochenta y tres	**ottantatre**	[ot'tanta 'tre]
noventa	**novanta**	[no'vanta]
noventa y uno	**novantuno**	[novan'tuno]
noventa y dos	**novantadue**	[no'vanta 'due]
noventa y tres	**novantatre**	[no'vanta 'tre]

5. Números cardinales. Unidad 2

cien	**cento**	['ʧento]
doscientos	**duecento**	[due'ʧento]
trescientos	**trecento**	[tre'ʧento]
cuatrocientos	**quattrocento**	[kwattro'ʧento]
quinientos	**cinquecento**	[ʧinkwe'ʧento]
seiscientos	**seicento**	[sej'ʧento]
setecientos	**settecento**	[sette'ʧento]
ochocientos	**ottocento**	[otto'ʧento]
novecientos	**novecento**	[nove'ʧento]
mil	**mille**	['mille]
dos mil	**duemila**	[due'mila]
tres mil	**tremila**	[tre'mila]
diez mil	**diecimila**	['djeʧi 'mila]
cien mil	**centomila**	[ʧento'mila]
millón (m)	**milione** (m)	[mi'ljone]
mil millones	**miliardo** (m)	[mi'ljardo]

6. Números ordinales

primero (adj)	**primo**	['primo]
segundo (adj)	**secondo**	[se'kondo]
tercero (adj)	**terzo**	['tertso]
cuarto (adj)	**quarto**	['kwarto]
quinto (adj)	**quinto**	['kwinto]
sexto (adj)	**sesto**	['sesto]
séptimo (adj)	**settimo**	['settimo]
octavo (adj)	**ottavo**	[ot'tavo]
noveno (adj)	**nono**	['nono]
décimo (adj)	**decimo**	['deʧimo]

7. Números. Fracciones

fracción (f)	**frazione** (f)	[fra'tsjone]
un medio	**un mezzo**	[un 'meddzo]
un tercio	**un terzo**	[un 'tertso]
un cuarto	**un quarto**	[un 'kwarto]
un octavo	**un ottavo**	[un ot'tavo]
un décimo	**un decimo**	[un 'deʧimo]
dos tercios	**due terzi**	['due 'tertsi]
tres cuartos	**tre quarti**	[tre 'kwarti]

8. Números. Operaciones básicas

sustracción (f)	**sottrazione** (f)	[sottra'tsjone]
sustraer (vt)	**sottrarre** (vt)	[sot'trarre]
división (f)	**divisione** (f)	[divi'zjone]
dividir (vt)	**dividere** (vt)	[di'videre]
adición (f)	**addizione** (f)	[addi'tsjone]
sumar (totalizar)	**addizionare** (vt)	[additsjo'nare]
adicionar (vt)	**addizionare** (vt)	[additsjo'nare]
multiplicación (f)	**moltiplicazione** (f)	[moltiplika'tsjone]
multiplicar (vt)	**moltiplicare** (vt)	[moltipli'kare]

9. Números. Miscelánea

cifra (f)	**cifra** (f)	['ʧifra]
número (m) (~ cardinal)	**numero** (m)	['numero]
numeral (m)	**numerale** (m)	[nume'rale]
menos (m)	**meno** (m)	['meno]
más (m)	**più** (m)	['pju]
fórmula (f)	**formula** (f)	['formula]
cálculo (m)	**calcolo** (m)	['kalkolo]
contar (vt)	**contare** (vt)	[kon'tare]

calcular (vt) **calcolare** (vt) [kalko'lare]
comparar (vt) **comparare** (vt) [kompa'rare]

¿Cuánto? (innum.) **Quanto?** ['kwanto]
¿Cuánto? (num.) **Quanti?** ['kwanti]

suma (f) **somma** (f) ['somma]
resultado (m) **risultato** (m) [rizul'tato]
resto (m) **resto** (m) ['resto]

algunos, algunas ... **qualche ...** ['kwalke]
poco (adv) **un po'di ...** [un po di]
resto (m) **resto** (m) ['resto]
uno y medio **uno e mezzo** ['uno e 'meddzo]
docena (f) **dozzina** (f) [dod'dzina]

en dos **in due** [in 'due]
en partes iguales **in parti uguali** [in 'parti u'gwali]
mitad (f) **metà** (f), **mezzo** (m) [me'ta], ['meddzo]
vez (f) **volta** (f) ['volta]

10. Los verbos más importantes. Unidad 1

abrir (vt) **aprire** (vt) [a'prire]
acabar, terminar (vt) **finire** (vt) [fi'nire]
aconsejar (vt) **consigliare** (vt) [konsiʎ'ʎare]
adivinar (vt) **indovinare** (vt) [indovi'nare]
advertir (vt) **avvertire** (vt) [avver'tire]
alabarse, jactarse (vr) **vantarsi** (vr) [van'tarsi]

almorzar (vi) **pranzare** (vi) [pran'tsare]
alquilar (~ una casa) **affittare** (vt) [affit'tare]
amenazar (vt) **minacciare** (vt) [mina'tʃare]
arrepentirse (vr) **rincrescere** (vi) [rin'kreʃere]
ayudar (vt) **aiutare** (vt) [aju'tare]
bañarse (vr) **fare il bagno** ['fare il 'baɲo]

bromear (vi) **scherzare** (vi) [sker'tsare]
buscar (vt) **cercare** (vt) [tʃer'kare]
caer (vi) **cadere** (vi) [ka'dere]
callarse (vr) **tacere** (vi) [ta'tʃere]
cambiar (vt) **cambiare** (vt) [kam'bjare]
castigar, punir (vt) **punire** (vt) [pu'nire]

cavar (vt) **scavare** (vt) [ska'vare]
cazar (vi, vt) **cacciare** (vt) [ka'tʃare]
cenar (vi) **cenare** (vi) [tʃe'nare]
cesar (vt) **cessare** (vt) [tʃes'sare]
coger (vt) **afferrare** (vt) [affer'rare]
comenzar (vt) **cominciare** (vt) [komin'tʃare]

comparar (vt) **comparare** (vt) [kompa'rare]
comprender (vt) **capire** (vt) [ka'pire]
confiar (vt) **fidarsi** (vr) [fi'darsi]

confundir (vt)	**confondere** (vt)	[kon'fondere]
conocer (~ a alguien)	**conoscere**	[ko'noʃere]
contar (vt) (enumerar)	**contare** (vt)	[kon'tare]
contar con ...	**contare su ...**	[kon'tare su]
continuar (vt)	**continuare** (vt)	[kontinu'are]
controlar (vt)	**controllare** (vt)	[kontrol'lare]
correr (vi)	**correre** (vi)	['korrere]
costar (vt)	**costare** (vt)	[ko'stare]
crear (vt)	**creare** (vt)	[kre'are]

11. Los verbos más importantes. Unidad 2

dar (vt)	**dare** (vt)	['dare]
dar una pista	**dare un suggerimento**	[dare un sudʒeri'mento]
decir (vt)	**dire** (vt)	['dire]
decorar (para la fiesta)	**decorare** (vt)	[deko'rare]
defender (vt)	**difendere** (vt)	[di'fendere]
dejar caer	**lasciar cadere**	[la'ʃar ka'dere]
desayunar (vi)	**fare colazione**	['fare kola'tsjone]
descender (vi)	**scendere** (vi)	['ʃendere]
dirigir (administrar)	**dirigere** (vt)	[di'ridʒere]
disculpar (vt)	**battaglia** (f)	[bat'taʎʎa]
disculparse (vr)	**scusarsi** (vr)	[sku'zarsi]
discutir (vt)	**discutere** (vt)	[di'skutere]
dudar (vt)	**dubitare** (vi)	[dubi'tare]
encontrar (hallar)	**trovare** (vt)	[tro'vare]
engañar (vi, vt)	**ingannare** (vt)	[ingan'nare]
entrar (vi)	**entrare** (vi)	[en'trare]
enviar (vt)	**mandare** (vt)	[man'dare]
equivocarse (vr)	**sbagliare** (vi)	[zbaʎ'ʎare]
escoger (vt)	**scegliere** (vt)	['ʃeʎʎere]
esconder (vt)	**nascondere** (vt)	[na'skondere]
escribir (vt)	**scrivere** (vt)	['skrivere]
esperar (aguardar)	**aspettare** (vt)	[aspet'tare]
esperar (tener esperanza)	**sperare** (vi, vt)	[spe'rare]
estar de acuerdo	**essere d'accordo**	['essere dak'kordo]
estudiar (vt)	**studiare** (vt)	[stu'djare]
exigir (vt)	**esigere** (vt)	[e'zidʒere]
existir (vi)	**esistere** (vi)	[e'zistere]
explicar (vt)	**spiegare** (vt)	[spje'gare]
faltar (a las clases)	**mancare le lezioni**	[man'kare le le'tsjoni]
firmar (~ el contrato)	**firmare** (vt)	[fir'mare]
girar (~ a la izquierda)	**girare** (vi)	[dʒi'rare]
gritar (vi)	**gridare** (vi)	[gri'dare]
guardar (conservar)	**conservare** (vt)	[konser'vare]
gustar (vi)	**piacere** (vi)	[pja'tʃere]

hablar (vi, vt)	**parlare** (vi, vt)	[par'lare]
hacer (vt)	**fare** (vt)	['fare]
informar (vt)	**informare** (vt)	[infor'mare]
insistir (vi)	**insistere** (vi)	[in'sistere]
insultar (vt)	**insultare** (vt)	[insul'tare]
interesarse (vr)	**interessarsi di ...**	[interes'sarsi di]
invitar (vt)	**invitare** (vt)	[invi'tare]
ir (a pie)	**andare** (vi)	[an'dare]
jugar (divertirse)	**giocare** (vi)	[dʒo'kare]

12. Los verbos más importantes. Unidad 3

leer (vi, vt)	**leggere** (vi, vt)	['ledʒere]
liberar (ciudad, etc.)	**liberare** (vt)	[libe'rare]
llamar (por ayuda)	**chiamare** (vt)	[kja'mare]
llegar (vi)	**arrivare** (vi)	[arri'vare]
llorar (vi)	**piangere** (vi)	['pjandʒere]
matar (vt)	**uccidere** (vt)	[u'tʃidere]
mencionar (vt)	**menzionare** (vt)	[mentsjo'nare]
mostrar (vt)	**mostrare** (vt)	[mo'strare]
nadar (vi)	**nuotare** (vi)	[nuo'tare]
negarse (vr)	**rifiutarsi** (vr)	[rifju'tarsi]
objetar (vt)	**obiettare** (vt)	[objet'tare]
observar (vt)	**osservare** (vt)	[osser'vare]
oír (vt)	**sentire** (vt)	[sen'tire]
olvidar (vt)	**dimenticare** (vt)	[dimenti'kare]
orar (vi)	**pregare** (vi, vt)	[pre'gare]
ordenar (mil.)	**ordinare** (vt)	[ordi'nare]
pagar (vi, vt)	**pagare** (vi, vt)	[pa'gare]
pararse (vr)	**fermarsi** (vr)	[fer'marsi]
participar (vi)	**partecipare** (vi)	[partetʃi'pare]
pedir (ayuda, etc.)	**chiedere, domandare**	['kjedere], [doman'dare]
pedir (en restaurante)	**ordinare** (vt)	[ordi'nare]
pensar (vi, vt)	**pensare** (vi, vt)	[pen'sare]
percibir (ver)	**accorgersi** (vr)	[ak'kordʒersi]
perdonar (vt)	**perdonare** (vt)	[perdo'nare]
permitir (vt)	**permettere** (vt)	[per'mettere]
pertenecer a ...	**appartenere** (vi)	[apparte'nere]
planear (vt)	**pianificare** (vt)	[pjanifi'kare]
poder (v aux)	**potere** (v aus)	[po'tere]
poseer (vt)	**possedere** (vt)	[posse'dere]
preferir (vt)	**preferire** (vt)	[prefe'rire]
preguntar (vt)	**chiedere, domandare**	['kjedere], [doman'dare]
preparar (la cena)	**cucinare** (vi)	[kutʃi'nare]
prever (vt)	**prevedere** (vt)	[preve'dere]
probar, tentar (vt)	**tentare** (vt)	[ten'tare]

prometer (vt)	**promettere** (vt)	[pro'mettere]
pronunciar (vt)	**pronunciare** (vt)	[pronun'ʧare]
proponer (vt)	**proporre** (vt)	[pro'porre]
quebrar (vt)	**rompere** (vt)	['rompere]
quejarse (vr)	**lamentarsi** (vr)	[lamen'tarsi]
querer (amar)	**amare qn**	[a'mare]
querer (desear)	**volere** (vt)	[vo'lere]

13. Los verbos más importantes. Unidad 4

recomendar (vt)	**raccomandare** (vt)	[rakkoman'dare]
regañar, reprender (vt)	**sgridare** (vt)	[zgri'dare]
reírse (vr)	**ridere** (vi)	['ridere]
repetir (vt)	**ripetere** (vt)	[ri'petere]
reservar (~ una mesa)	**riservare** (vt)	[rizer'vare]
responder (vi, vt)	**rispondere** (vi, vt)	[ris'pondere]
robar (vt)	**rubare** (vt)	[ru'bare]
saber (~ algo mas)	**sapere** (vt)	[sa'pere]
salir (vi)	**uscire** (vi)	[u'ʃire]
salvar (vt)	**salvare** (vt)	[sal'vare]
seguir ...	**seguire** (vt)	[se'gwire]
sentarse (vr)	**sedersi** (vr)	[se'dersi]
ser necesario	**occorrere**	[ok'korrere]
ser, estar (vi)	**essere** (vi)	['essere]
significar (vt)	**significare** (vt)	[siɲifi'kare]
sonreír (vi)	**sorridere** (vi)	[sor'ridere]
sorprenderse (vr)	**stupirsi** (vr)	[stu'pirsi]
subestimar (vt)	**sottovalutare** (vt)	[sottovalu'tare]
tener (vt)	**avere** (vt)	[a'vere]
tener hambre	**avere fame**	[a'vere 'fame]
tener miedo	**avere paura**	[a'vere pa'ura]
tener prisa	**avere fretta**	[a'vere 'fretta]
tener sed	**avere sete**	[a'vere 'sete]
tirar, disparar (vi)	**sparare** (vi)	[spa'rare]
tocar (con las manos)	**toccare** (vt)	[tok'kare]
tomar (vt)	**prendere** (vt)	['prendere]
tomar nota	**annotare** (vt)	[anno'tare]
trabajar (vi)	**lavorare** (vi)	[lavo'rare]
traducir (vt)	**tradurre** (vt)	[tra'durre]
unir (vt)	**unire** (vt)	[u'nire]
vender (vt)	**vendere** (vt)	['vendere]
ver (vt)	**vedere** (vt)	[ve'dere]
volar (pájaro, avión)	**volare** (vi)	[vo'lare]

14. Los colores

color (m)	**colore** (m)	[ko'lore]
matiz (m)	**sfumatura** (f)	[sfuma'tura]

tono (m)	**tono** (m)	['tono]
arco (m) iris	**arcobaleno** (m)	[arkoba'leno]
blanco (adj)	**bianco**	['bjanko]
negro (adj)	**nero**	['nero]
gris (adj)	**grigio**	['gridʒo]
verde (adj)	**verde**	['verde]
amarillo (adj)	**giallo**	['dʒallo]
rojo (adj)	**rosso**	['rosso]
azul (adj)	**blu**	['blu]
azul claro (adj)	**azzurro**	[ad'dzurro]
rosa (adj)	**rosa**	['roza]
naranja (adj)	**arancione**	[aran'tʃone]
violeta (adj)	**violetto**	[vio'letto]
marrón (adj)	**marrone**	[mar'rone]
dorado (adj)	**d'oro**	['doro]
argentado (adj)	**argenteo**	[ar'dʒenteo]
beige (adj)	**beige**	[beʒ]
crema (adj)	**color crema**	[ko'lor 'krema]
turquesa (adj)	**turchese**	[tur'keze]
rojo cereza (adj)	**rosso ciliegia** (f)	['rosso tʃi'ljedʒa]
lila (adj)	**lilla**	['lilla]
carmesí (adj)	**rosso lampone**	['rosso lam'pone]
claro (adj)	**chiaro**	['kjaro]
oscuro (adj)	**scuro**	['skuro]
vivo (adj)	**vivo, vivido**	['vivo], ['vivido]
de color (lápiz ~)	**colorato**	[kolo'rato]
en colores (película ~)	**a colori**	[a ko'lori]
blanco y negro (adj)	**bianco e nero**	['bjanko e 'nero]
unicolor (adj)	**in tinta unita**	[in 'tinta u'nita]
multicolor (adj)	**multicolore**	[multiko'lore]

15. Las preguntas

¿Quién?	**Chi?**	[ki]
¿Qué?	**Che cosa?**	[ke 'koza]
¿Dónde?	**Dove?**	['dove]
¿Adónde?	**Dove?**	['dove]
¿De dónde?	**Di dove?, Da dove?**	[di 'dove], [da 'dove]
¿Cuándo?	**Quando?**	['kwando]
¿Para qué?	**Perché?**	[per'ke]
¿Por qué?	**Perché?**	[per'ke]
¿Por qué razón?	**Per che cosa?**	[per ke 'koza]
¿Cómo?	**Come?**	['kome]
¿Qué ...? (~ color)	**Che?**	[ke]
¿Cuál?	**Quale?**	['kwale]
¿A quién?	**A chi?**	[a 'ki]

¿De quién? (~ hablan ...)	**Di chi?**	[di 'ki]
¿De qué?	**Di che cosa?**	[di ke 'koza]
¿Con quién?	**Con chi?**	[kon 'ki]
¿Cuánto? (innum.)	**Quanto?**	['kwanto]
¿Cuánto? (num.)	**Quanti?**	['kwanti]
¿De quién? (~ es este ...)	**Di chi?**	[di 'ki]

16. Las preposiciones

con ... (~ algn)	**con**	[kon]
sin ... (~ azúcar)	**senza**	['sentsa]
a ... (p.ej. voy a México)	**a**	[a]
de ... (hablar ~)	**di**	[di]
antes de ...	**prima di ...**	['prima di]
delante de ...	**di fronte a ...**	[di 'fronte a]
debajo de ...	**sotto**	['sotto]
sobre ..., encima de ...	**sopra**	['sopra]
en, sobre (~ la mesa)	**su**	[su]
de (origen)	**da, di**	[da], [di]
de (fabricado de)	**di**	[di]
dentro de ...	**fra ...**	[fra]
encima de ...	**attraverso**	[attra'verso]

17. Las palabras útiles. Los adverbios. Unidad 1

¿Dónde?	**Dove?**	['dove]
aquí (adv)	**qui**	[kwi]
allí (adv)	**lì**	[li]
en alguna parte	**da qualche parte**	[da 'kwalke 'parte]
en ninguna parte	**da nessuna parte**	[da nes'suna 'parte]
junto a ...	**vicino a ...**	[vi'ʧino a]
junto a la ventana	**vicino alla finestra**	[vi'ʧino 'alla fi'nestra]
¿A dónde?	**Dove?**	['dove]
aquí (venga ~)	**di qui**	[di kwi]
allí (vendré ~)	**ci**	[ʧi]
de aquí (adv)	**da qui**	[da kwi]
de allí (adv)	**da lì**	[da 'li]
cerca (no lejos)	**vicino, accanto**	[vi'ʧino], [a'kanto]
lejos (adv)	**lontano**	[lon'tano]
cerca de ...	**vicino a ...**	[vi'ʧino a]
al lado (de ...)	**vicino**	[vi'ʧino]
no lejos (adv)	**non lontano**	[non lon'tano]
izquierdo (adj)	**sinistro**	[si'nistro]
a la izquierda (situado ~)	**a sinistra**	[a si'nistra]

a la izquierda (girar ~)	**a sinistra**	[a si'nistra]
derecho (adj)	**destro**	['destro]
a la derecha (situado ~)	**a destra**	[a 'destra]
a la derecha (girar)	**a destra**	[a 'destra]
delante (yo voy ~)	**davanti**	[da'vanti]
delantero (adj)	**anteriore**	[ante'rjore]
adelante (movimiento)	**avanti**	[a'vanti]
detrás de ...	**dietro**	['djetro]
desde atrás	**da dietro**	[da 'djetro]
atrás (da un paso ~)	**indietro**	[in'djetro]
centro (m), medio (m)	**mezzo** (m), **centro** (m)	['medʣo], ['ʧentro]
en medio (adv)	**in mezzo, al centro**	[in 'medʣo], [al 'ʧentro]
de lado (adv)	**di fianco**	[di 'fjanko]
en todas partes	**dappertutto**	[dapper'tutto]
alrededor (adv)	**attorno**	[at'torno]
de dentro (adv)	**da dentro**	[da 'dentro]
a alguna parte	**da qualche parte**	[da 'kwalke 'parte]
todo derecho (adv)	**dritto**	['dritto]
atrás (muévelo para ~)	**indietro**	[in'djetro]
de alguna parte (adv)	**da qualsiasi parte**	[da kwal'siazi 'parte]
no se sabe de dónde	**da qualche posto**	[da 'kwalke 'posto]
primero (adv)	**in primo luogo**	[in 'primo lu'ogo]
segundo (adv)	**in secondo luogo**	[in se'kondo lu'ogo]
tercero (adv)	**in terzo luogo**	[in 'tertso lu'ogo]
de súbito (adv)	**all'improvviso**	[all improv'vizo]
al principio (adv)	**all'inizio**	[all i'nitsio]
por primera vez	**per la prima volta**	[per la 'prima 'volta]
mucho tiempo antes ...	**molto tempo prima di ...**	['molto 'tempo 'prima di]
de nuevo (adv)	**di nuovo**	[di nu'ovo]
para siempre (adv)	**per sempre**	[per 'sempre]
jamás, nunca (adv)	**mai**	[maj]
de nuevo (adv)	**ancora**	[an'kora]
ahora (adv)	**adesso**	[a'desso]
frecuentemente (adv)	**spesso**	['spesso]
entonces (adv)	**allora**	[al'lora]
urgentemente (adv)	**urgentemente**	[urʤente'mente]
usualmente (adv)	**di solito**	[di 'solito]
a propósito, ...	**a proposito, ...**	[a pro'pozito]
es probable	**è possibile**	[e pos'sibile]
probablemente (adv)	**probabilmente**	[probabil'mente]
tal vez	**forse**	['forse]
además ...	**inoltre ...**	[i'noltre]
por eso ...	**ecco perché ...**	['ekko per'ke]
a pesar de ...	**nonostante**	[nono'stante]
gracias a ...	**grazie a ...**	['gratsie a]
qué (pron)	**che cosa**	[ke 'koza]

que (conj)	**che**	[ke]
algo (~ le ha pasado)	**qualcosa**	[kwal'koza]
algo (~ así)	**qualcosa**	[kwal'koza]
nada (f)	**niente**	['njente]
quien	**chi**	[ki]
alguien (viene ~)	**qualcuno**	[kwal'kuno]
alguien (¿ha llamado ~?)	**qualcuno**	[kwal'kuno]
nadie	**nessuno**	[nes'suno]
a ninguna parte	**da nessuna parte**	[da nes'suna 'parte]
de nadie	**di nessuno**	[di nes'suno]
de alguien	**di qualcuno**	[di kwal'kuno]
tan, tanto (adv)	**così**	[ko'zi]
también (~ habla francés)	**anche**	['aŋke]
también (p.ej. Yo ~)	**anche, pure**	['aŋke], ['pure]

18. Las palabras útiles. Los adverbios. Unidad 2

¿Por qué?	**Perché?**	[per'ke]
no se sabe porqué	**per qualche ragione**	[per 'kwalke ra'ʤone]
porque ...	**perché ...**	[per'ke]
por cualquier razón (adv)	**per qualche motivo**	[per 'kwalke mo'tivo]
y (p.ej. uno y medio)	**e**	[e]
o (p.ej. té o café)	**o ...**	[o]
pero (p.ej. me gusta, ~)	**ma**	[ma]
para (p.ej. es para ti)	**per**	[per]
demasiado (adv)	**troppo**	['troppo]
sólo, solamente (adv)	**solo**	['solo]
exactamente (adv)	**esattamente**	[ezatta'mente]
unos ..., cerca de ... (~ 10 kg)	**circa**	['ʧirka]
aproximadamente	**approssimativamente**	[approsimativa'mente]
aproximado (adj)	**approssimativo**	[approssima'tivo]
casi (adv)	**quasi**	['kwazi]
resto (m)	**resto** (m)	['resto]
cada (adj)	**ogni**	['oɲi]
cualquier (adj)	**qualsiasi**	[kwal'siazi]
mucho (innum.)	**molto**	['molto]
mucho (num.)	**molti**	['molti]
muchos (mucha gente)	**molta gente**	['molta 'ʤente]
todos	**tutto, tutti**	['tutto], ['tutti]
a cambio de ...	**in cambio di ...**	[in 'kambio di]
en cambio (adv)	**in cambio**	[in 'kambio]
a mano (hecho ~)	**a mano**	[a 'mano]
poco probable	**poco probabile**	['poko pro'babile]
probablemente	**probabilmente**	[probabil'mente]
a propósito (adv)	**apposta**	[ap'posta]

por accidente (adv)	**per caso**	[per 'kazo]
muy (adv)	**molto**	['molto]
por ejemplo (adv)	**per esempio**	[per e'zempjo]
entre (~ nosotros)	**fra**	[fra]
entre (~ otras cosas)	**fra**	[fra]
tanto (~ gente)	**tanto**	['tanto]
especialmente (adv)	**soprattutto**	[sopra'tutto]

Conceptos básicos. Unidad 2

19. Los días de la semana

lunes (m)	**lunedì** (m)	[lune'di]
martes (m)	**martedì** (m)	[marte'di]
miércoles (m)	**mercoledì** (m)	[merkole'di]
jueves (m)	**giovedì** (m)	[ʤove'di]
viernes (m)	**venerdì** (m)	[vener'di]
sábado (m)	**sabato** (m)	['sabato]
domingo (m)	**domenica** (f)	[do'menika]
hoy (adv)	**oggi**	['oʤi]
mañana (adv)	**domani**	[do'mani]
pasado mañana	**dopodomani**	[dopodo'mani]
ayer (adv)	**ieri**	['jeri]
anteayer (adv)	**l'altro ieri**	['laltro 'jeri]
día (m)	**giorno** (m)	['ʤorno]
día (m) de trabajo	**giorno** (m) **lavorativo**	['ʤorno lavora'tivo]
día (m) de fiesta	**giorno** (m) **festivo**	['ʤorno fes'tivo]
día (m) de descanso	**giorno** (m) **di riposo**	['ʤorno di ri'pozo]
fin (m) de semana	**fine** (m) **settimana**	['fine setti'mana]
todo el día	**tutto il giorno**	['tutto il 'ʤorno]
al día siguiente	**l'indomani**	[lindo'mani]
dos días atrás	**due giorni fa**	['due 'ʤorni fa]
en vísperas (adv)	**il giorno prima**	[il 'ʤorno 'prima]
diario (adj)	**quotidiano**	[kwoti'djano]
cada día (adv)	**ogni giorno**	['oɲi 'ʤorno]
semana (f)	**settimana** (f)	[setti'mana]
semana (f) pasada	**la settimana scorsa**	[la setti'mana 'skorsa]
semana (f) que viene	**la settimana prossima**	[la setti'mana 'prossima]
semanal (adj)	**settimanale**	[settima'nale]
cada semana (adv)	**ogni settimana**	['oɲi setti'mana]
2 veces por semana	**due volte alla settimana**	['due 'volte 'alla setti'mana]
todos los martes	**ogni martedì**	['oɲi marte'di]

20. Las horas. El día y la noche

mañana (f)	**mattina** (f)	[mat'tina]
por la mañana	**di mattina**	[di mat'tina]
mediodía (m)	**mezzogiorno** (m)	[meddzo'ʤorno]
por la tarde	**nel pomeriggio**	[nel pome'riʤo]
noche (f)	**sera** (f)	['sera]
por la noche	**di sera**	[di 'sera]

noche (f) (p.ej. 2:00 a.m.)	**notte** (f)	['notte]
por la noche	**di notte**	[di 'notte]
medianoche (f)	**mezzanotte** (f)	[meddza'notte]
segundo (m)	**secondo** (m)	[se'kondo]
minuto (m)	**minuto** (m)	[mi'nuto]
hora (f)	**ora** (f)	['ora]
media hora (f)	**mezzora** (f)	[med'dzora]
cuarto (m) de hora	**un quarto d'ora**	[un 'kwarto 'dora]
quince minutos	**quindici minuti**	['kwinditʃi mi'nuti]
veinticuatro horas	**ventiquattro ore**	[venti'kwattro 'ore]
salida (f) del sol	**levata** (f) **del sole**	[le'vata del 'sole]
amanecer (m)	**alba** (f)	['alba]
madrugada (f)	**mattutino** (m)	[mattu'tino]
puesta (f) del sol	**tramonto** (m)	[tra'monto]
de madrugada	**di buon mattino**	[di bu'on mat'tino]
esta mañana	**stamattina**	[stamat'tina]
mañana por la mañana	**domattina**	[domat'tina]
esta tarde	**oggi pomeriggio**	['odʒi pome'ridʒo]
por la tarde	**nel pomeriggio**	[nel pome'ridʒo]
mañana por la tarde	**domani pomeriggio**	[do'mani pome'ridʒo]
esta noche (p.ej. 8:00 p.m.)	**stasera**	[sta'sera]
mañana por la noche	**domani sera**	[do'mani 'sera]
a las tres en punto	**alle tre precise**	['alle tre pre'tʃize]
a eso de las cuatro	**verso le quattro**	['verso le 'kwattro]
para las doce	**per le dodici**	[per le 'doditʃi]
dentro de veinte minutos	**fra venti minuti**	[fra 'venti mi'nuti]
dentro de una hora	**fra un'ora**	[fra un 'ora]
a tiempo (adv)	**puntualmente**	[puntual'mente]
... menos cuarto	**un quarto di ...**	[un 'kwarto di]
durante una hora	**entro un'ora**	['entro un 'ora]
cada quince minutos	**ogni quindici minuti**	['oɲi 'kwinditʃi mi'nuti]
día y noche	**giorno e notte**	['dʒorno e 'notte]

21. Los meses. Las estaciones

enero (m)	**gennaio** (m)	[dʒen'najo]
febrero (m)	**febbraio** (m)	[feb'brajo]
marzo (m)	**marzo** (m)	['martso]
abril (m)	**aprile** (m)	[a'prile]
mayo (m)	**maggio** (m)	['madʒo]
junio (m)	**giugno** (m)	['dʒuɲo]
julio (m)	**luglio** (m)	['luʎʎo]
agosto (m)	**agosto** (m)	[a'gosto]
septiembre (m)	**settembre** (m)	[set'tembre]
octubre (m)	**ottobre** (m)	[ot'tobre]

noviembre (m)	**novembre** (m)	[no'vembre]
diciembre (m)	**dicembre** (m)	[di'ʧembre]
primavera (f)	**primavera** (f)	[prima'vera]
en primavera	**in primavera**	[in prima'vera]
de primavera (adj)	**primaverile**	[primave'rile]
verano (m)	**estate** (f)	[e'state]
en verano	**in estate**	[in e'state]
de verano (adj)	**estivo**	[e'stivo]
otoño (m)	**autunno** (m)	[au'tunno]
en otoño	**in autunno**	[in au'tunno]
de otoño (adj)	**autunnale**	[autun'nale]
invierno (m)	**inverno** (m)	[in'verno]
en invierno	**in inverno**	[in in'verno]
de invierno (adj)	**invernale**	[inver'nale]
mes (m)	**mese** (m)	['meze]
este mes	**questo mese**	['kwesto 'meze]
al mes siguiente	**il mese prossimo**	[il 'meze 'prossimo]
el mes pasado	**il mese scorso**	[il 'meze 'skorso]
hace un mes	**un mese fa**	[un 'meze fa]
dentro de un mes	**fra un mese**	[fra un 'meze]
dentro de dos meses	**fra due mesi**	[fra 'due 'mezi]
todo el mes	**un mese intero**	[un 'meze in'tero]
todo un mes	**per tutto il mese**	[per 'tutto il 'meze]
mensual (adj)	**mensile**	[men'sile]
mensualmente (adv)	**mensilmente**	[mensil'mente]
cada mes	**ogni mese**	['oɲi 'meze]
dos veces por mes	**due volte al mese**	['due 'volte al 'meze]
año (m)	**anno** (m)	['anno]
este año	**quest'anno**	[kwest'anno]
el próximo año	**l'anno prossimo**	['lanno 'prossimo]
el año pasado	**l'anno scorso**	['lanno 'skorso]
hace un año	**un anno fa**	[un 'anno fa]
dentro de un año	**fra un anno**	[fra un 'anno]
dentro de dos años	**fra due anni**	[fra 'due 'anni]
todo el año	**un anno intero**	[un 'anno in'tero]
todo un año	**per tutto l'anno**	[per 'tutto 'lanno]
cada año	**ogni anno**	['oɲi 'anno]
anual (adj)	**annuale**	[annu'ale]
anualmente (adv)	**annualmente**	[annual'mente]
cuatro veces por año	**quattro volte all'anno**	['kwattro 'volte all 'anno]
fecha (f) (la ~ de hoy es ...)	**data** (f)	['data]
fecha (f) (~ de entrega)	**data** (f)	['data]
calendario (m)	**calendario** (m)	[kalen'dario]
medio año (m)	**mezz'anno** (m)	[med'ʣanno]
seis meses	**semestre** (m)	[se'mestre]

estación (f)	**stagione** (f)	[sta'dʒone]
siglo (m)	**secolo** (m)	['sekolo]

22. Las unidades de medida

peso (m)	**peso** (m)	['pezo]
longitud (f)	**lunghezza** (f)	[lun'gettsa]
anchura (f)	**larghezza** (f)	[lar'gettsa]
altura (f)	**altezza** (f)	[al'tettsa]
profundidad (f)	**profondità** (f)	[profondi'ta]
volumen (m)	**volume** (m)	[vo'lume]
área (f)	**area** (f)	['area]
gramo (m)	**grammo** (m)	['grammo]
miligramo (m)	**milligrammo** (m)	[milli'grammo]
kilogramo (m)	**chilogrammo** (m)	[kilo'grammo]
tonelada (f)	**tonnellata** (f)	[tonnel'lata]
libra (f)	**libbra** (f)	['libbra]
onza (f)	**oncia** (f)	['ontʃa]
metro (m)	**metro** (m)	['metro]
milímetro (m)	**millimetro** (m)	[mil'limetro]
centímetro (m)	**centimetro** (m)	[tʃen'timetro]
kilómetro (m)	**chilometro** (m)	[ki'lometro]
milla (f)	**miglio** (m)	['miʎʎo]
pulgada (f)	**pollice** (m)	['pollitʃe]
pie (m)	**piede** (f)	['pjede]
yarda (f)	**iarda** (f)	[jarda]
metro (m) cuadrado	**metro** (m) **quadro**	['metro 'kwadro]
hectárea (f)	**ettaro** (m)	['ettaro]
litro (m)	**litro** (m)	['litro]
grado (m)	**grado** (m)	['grado]
voltio (m)	**volt** (m)	[volt]
amperio (m)	**ampere** (m)	[am'pere]
caballo (m) de fuerza	**cavallo vapore** (m)	[ka'vallo va'pore]
cantidad (f)	**quantità** (f)	[kwanti'ta]
un poco de ...	**un po'di ...**	[un po di]
mitad (f)	**metà** (f)	[me'ta]
docena (f)	**dozzina** (f)	[dod'dzina]
pieza (f)	**pezzo** (m)	['pettso]
dimensión (f)	**dimensione** (f)	[dimen'sjone]
escala (f) (del mapa)	**scala** (f)	['skala]
mínimo (adj)	**minimo**	['minimo]
el más pequeño (adj)	**minore**	[mi'nore]
medio (adj)	**medio**	['medio]
máximo (adj)	**massimo**	['massimo]
el más grande (adj)	**maggiore**	[ma'dʒore]

23. Contenedores

tarro (m) de vidrio	**barattolo** (m) **di vetro**	[ba'rattolo di 'vetro]
lata (f) de hojalata	**latta** (f), **lattina** (f)	['latta], [lat'tina]
cubo (m)	**secchio** (m)	['sekkio]
barril (m)	**barile** (m), **botte** (f)	[ba'rile], ['botte]
palangana (f)	**catino** (m)	[ka'tino]
tanque (m)	**serbatoio** (m)	[serba'tojo]
petaca (f) (de alcohol)	**fiaschetta** (f)	[fias'ketta]
bidón (m) de gasolina	**tanica** (f)	['tanika]
cisterna (f)	**cisterna** (f)	[ʧi'sterna]
taza (f) (mug de cerámica)	**tazza** (f)	['tattsa]
taza (f) (~ de café)	**tazzina** (f)	[tat'tsina]
platillo (m)	**piattino** (m)	[pjat'tino]
vaso (m) (~ de agua)	**bicchiere** (m)	[bik'kjere]
copa (f) (~ de vino)	**calice** (m)	['kaliʧe]
olla (f)	**casseruola** (f)	[kasseru'ola]
botella (f)	**bottiglia** (f)	[bot'tiʎʎa]
cuello (m) de botella	**collo** (m)	['kollo]
garrafa (f)	**caraffa** (f)	[ka'raffa]
jarro (m) (~ de agua)	**brocca** (f)	['brokka]
recipiente (m)	**recipiente** (m)	[reʧi'pjente]
tarro (m)	**vaso** (m) **di coccio**	['vazo di 'koʧo]
florero (m)	**vaso** (m)	['vazo]
frasco (m) (~ de perfume)	**boccetta** (f)	[bo'ʧetta]
frasquito (m)	**fiala** (f)	[fi'ala]
tubo (m)	**tubetto** (m)	[tu'betto]
saco (m) (~ de azúcar)	**sacco** (m)	['sakko]
bolsa (f) (~ plástica)	**sacchetto** (m)	[sak'ketto]
paquete (m) (~ de cigarrillos)	**pacchetto** (m)	[pak'ketto]
caja (f)	**scatola** (f)	['skatola]
cajón (m) (~ de madera)	**cassa** (f)	['kassa]
cesta (f)	**cesta** (f)	['ʧesta]

EL SER HUMANO

El ser humano. El cuerpo

24. La cabeza

cabeza (f)	**testa** (f)	['testa]
cara (f)	**viso** (m)	['vizo]
nariz (f)	**naso** (m)	['nazo]
boca (f)	**bocca** (f)	['bokka]
ojo (m)	**occhio** (m)	['okkio]
ojos (m pl)	**occhi** (m pl)	['okki]
pupila (f)	**pupilla** (f)	[pu'pilla]
ceja (f)	**sopracciglio** (m)	[sopra'ʧiʎʎo]
pestaña (f)	**ciglio** (m)	['ʧiʎʎo]
párpado (m)	**palpebra** (f)	['palpebra]
lengua (f)	**lingua** (f)	['lingua]
diente (m)	**dente** (m)	['dente]
labios (m pl)	**labbra** (f pl)	['labbra]
pómulos (m pl)	**zigomi** (m pl)	['ʤzigomi]
encía (f)	**gengiva** (f)	[ʤen'ʤiva]
paladar (m)	**palato** (m)	[pa'lato]
ventanas (f pl)	**narici** (f pl)	[na'riʧi]
mentón (m)	**mento** (m)	['mento]
mandíbula (f)	**mascella** (f)	[ma'ʃella]
mejilla (f)	**guancia** (f)	['gwanʧa]
frente (f)	**fronte** (f)	['fronte]
sien (f)	**tempia** (f)	['tempia]
oreja (f)	**orecchio** (m)	[o'rekkio]
nuca (f)	**nuca** (f)	['nuka]
cuello (m)	**collo** (m)	['kollo]
garganta (f)	**gola** (f)	['gola]
pelo, cabello (m)	**capelli** (m pl)	[ka'pelli]
peinado (m)	**pettinatura** (f)	[pettina'tura]
corte (m) de pelo	**taglio** (m)	['taʎʎo]
peluca (f)	**parrucca** (f)	['parrukka]
bigote (m)	**baffi** (m pl)	['baffi]
barba (f)	**barba** (f)	['barba]
tener (~ la barba)	**portare** (vt)	[por'tare]
trenza (f)	**treccia** (f)	['treʧa]
patillas (f pl)	**basette** (f pl)	[ba'zette]
pelirrojo (adj)	**rosso**	['rosso]
gris, canoso (adj)	**brizzolato**	[brittso'lato]

calvo (adj)	**calvo**	['kalvo]
calva (f)	**calvizie** (f)	[kal'vitsie]
cola (f) de caballo	**coda** (f) **di cavallo**	['koda di ka'vallo]
flequillo (m)	**frangetta** (f)	[fran'ʤetta]

25. El cuerpo

mano (f)	**mano** (f)	['mano]
brazo (m)	**braccio** (m)	['braʧo]
dedo (m)	**dito** (m)	['dito]
dedo (m) del pie	**dito** (m) **del piede**	['dito del 'pjede]
dedo (m) pulgar	**pollice** (m)	['polliʧe]
dedo (m) meñique	**mignolo** (m)	[mi'ɲolo]
uña (f)	**unghia** (f)	['ungia]
puño (m)	**pugno** (m)	['puɲo]
palma (f)	**palmo** (m)	['palmo]
muñeca (f)	**polso** (m)	['polso]
antebrazo (m)	**avambraccio** (m)	[avam'braʧo]
codo (m)	**gomito** (m)	['gomito]
hombro (m)	**spalla** (f)	['spalla]
pierna (f)	**gamba** (f)	['gamba]
planta (f)	**pianta** (f) **del piede**	['pjanta del 'pjede]
rodilla (f)	**ginocchio** (m)	[ʤi'nokkio]
pantorrilla (f)	**polpaccio** (m)	[pol'paʧo]
cadera (f)	**anca** (f)	['anka]
talón (m)	**tallone** (m)	[tal'lone]
cuerpo (m)	**corpo** (m)	['korpo]
vientre (m)	**pancia** (f)	['panʧa]
pecho (m)	**petto** (m)	['petto]
seno (m)	**seno** (m)	['seno]
lado (m), costado (m)	**fianco** (m)	['fjanko]
espalda (f)	**schiena** (f)	['skjena]
zona (f) lumbar	**zona** (f) **lombare**	['ʣona lom'bare]
cintura (f), talle (m)	**vita** (f)	['vita]
ombligo (m)	**ombelico** (m)	[ombe'liko]
nalgas (f pl)	**natiche** (f pl)	['natike]
trasero (m)	**sedere** (m)	[se'dere]
lunar (m)	**neo** (m)	['neo]
marca (f) de nacimiento	**voglia** (f)	['voʎʎa]
tatuaje (m)	**tatuaggio** (m)	[tatu'aʤo]
cicatriz (f)	**cicatrice** (f)	[ʧika'triʧe]

La ropa y los accesorios

26. La ropa exterior. Los abrigos

ropa (f), vestido (m)	**vestiti** (m pl)	[ve'stiti]
ropa (f) de calle	**soprabito** (m)	[so'prabito]
ropa (f) de invierno	**abiti** (m pl) **invernali**	['abiti inver'nali]
abrigo (m)	**cappotto** (m)	[kap'potto]
abrigo (m) de piel	**pelliccia** (f)	[pel'litʃa]
abrigo (m) corto de piel	**pellicciotto** (m)	[pelli'tʃotto]
plumón (m)	**piumino** (m)	[pju'mino]
cazadora (f)	**giubbotto** (m), **giaccha** (f)	[dʒub'botto], ['dʒakka]
impermeable (m)	**impermeabile** (m)	[imperme'abile]
impermeable (adj)	**impermeabile**	[imperme'abile]

27. Men's & women's clothing

camisa (f)	**camicia** (f)	[ka'mitʃa]
pantalones (m pl)	**pantaloni** (m pl)	[panta'loni]
jeans, vaqueros (m pl)	**jeans** (m pl)	['dʒins]
chaqueta (f), saco (m)	**giacca** (f)	['dʒakka]
traje (m)	**abito** (m) **da uomo**	['abito da u'omo]
vestido (m)	**abito** (m)	['abito]
falda (f)	**gonna** (f)	['gonna]
blusa (f)	**camicetta** (f)	[kami'tʃetta]
rebeca (f), chaqueta (f) de punto	**giacca** (f) **a maglia**	['dʒakka a 'maʎʎa]
chaqueta (f)	**giacca** (f) **tailleur**	['dʒakka ta'jer]
camiseta (f) (T-shirt)	**maglietta** (f)	[maʎ'ʎetta]
shorts (m pl)	**pantaloni** (m pl) **corti**	[panta'loni 'korti]
traje (m) deportivo	**tuta** (f) **sportiva**	['tuta spor'tiva]
bata (f) de baño	**accappatoio** (m)	[akkappa'tojo]
pijama (f)	**pigiama** (m)	[pi'dʒama]
jersey (m), suéter (m)	**maglione** (m)	[maʎ'ʎone]
pulóver (m)	**pullover** (m)	[pul'lover]
chaleco (m)	**gilè** (m)	[dʒi'le]
frac (m)	**frac** (m)	[frak]
esmoquin (m)	**smoking** (m)	['zmoking]
uniforme (m)	**uniforme** (f)	[uni'forme]
ropa (f) de trabajo	**tuta** (f) **da lavoro**	['tuta da la'voro]
mono (m)	**salopette** (f)	[salo'pett]
bata (f) (p. ej. ~ blanca)	**camice** (m)	[ka'mitʃe]

28. La ropa. La ropa interior

ropa (f) interior	**intimo** (m)	['intimo]
bóxer (m)	**boxer briefs** (m)	['bokser brifs]
bragas (f pl)	**mutandina** (f)	[mutan'dina]
camiseta (f) interior	**maglietta** (f) **intima**	[maʎ'ʎetta 'intima]
calcetines (m pl)	**calzini** (m pl)	[kal'tsini]
camisón (m)	**camicia** (f) **da notte**	[ka'mitʃa da 'notte]
sostén (m)	**reggiseno** (m)	[redʒi'seno]
calcetines (m pl) altos	**calzini** (m pl) **alti**	[kal'tsini 'alti]
pantimedias (f pl)	**collant** (m)	[kol'lant]
medias (f pl)	**calze** (f pl)	['kaltse]
traje (m) de baño	**costume** (m) **da bagno**	[ko'stume da 'baɲo]

29. Gorras

gorro (m)	**cappello** (m)	[kap'pello]
sombrero (m) de fieltro	**cappello** (m) **di feltro**	[kap'pello di feltro]
gorra (f) de béisbol	**cappello** (m) **da baseball**	[kap'pello da 'bejzbol]
gorra (f) plana	**coppola** (f)	['koppola]
boina (f)	**basco** (m)	['basko]
capuchón (m)	**cappuccio** (m)	[kap'putʃo]
panamá (m)	**panama** (m)	['panama]
gorro (m) de punto	**berretto** (m) **a maglia**	[ber'retto a 'maʎʎa]
pañuelo (m)	**fazzoletto** (m) **da capo**	[fattso'letto da 'kapo]
sombrero (m) de mujer	**cappellino** (m) **donna**	[kappel'lino 'donna]
casco (m) (~ protector)	**casco** (m)	['kasko]
gorro (m) de campaña	**bustina** (f)	[bu'stina]
casco (m) (~ de moto)	**casco** (m)	['kasko]
bombín (m)	**bombetta** (f)	[bom'betta]
sombrero (m) de copa	**cilindro** (m)	[tʃi'lindro]

30. El calzado

calzado (m)	**calzature** (f pl)	[kaltsa'ture]
botas (f pl)	**stivaletti** (m pl)	[stiva'letti]
zapatos (m pl) (~ de tacón bajo)	**scarpe** (f pl)	['skarpe]
botas (f pl) altas	**stivali** (m pl)	[sti'vali]
zapatillas (f pl)	**pantofole** (f pl)	[pan'tofole]
tenis (m pl)	**scarpe** (f pl) **da tennis**	['skarpe da 'tennis]
zapatillas (f pl) de lona	**scarpe** (f pl) **da ginnastica**	['skarpe da dʒin'nastika]
sandalias (f pl)	**sandali** (m pl)	['sandali]
zapatero (m)	**calzolaio** (m)	[kaltso'lajo]
tacón (m)	**tacco** (m)	['takko]

par (m)	**paio** (m)	['pajo]
cordón (m)	**laccio** (m)	['latʃo]
encordonar (vt)	**allacciare** (vt)	[ala'tʃare]
calzador (m)	**calzascarpe** (m)	[kaltsa'skarpe]
betún (m)	**lucido** (m) **per le scarpe**	['lutʃido per le 'skarpe]

31. Accesorios personales

guantes (m pl)	**guanti** (m pl)	['gwanti]
manoplas (f pl)	**manopole** (f pl)	[ma'nopole]
bufanda (f)	**sciarpa** (f)	['ʃarpa]
gafas (f pl)	**occhiali** (m pl)	[ok'kjali]
montura (f)	**montatura** (f)	[monta'tura]
paraguas (m)	**ombrello** (m)	[om'brello]
bastón (m)	**bastone** (m)	[ba'stone]
cepillo (m) de pelo	**spazzola** (f) **per capelli**	['spattsola per ka'pelli]
abanico (m)	**ventaglio** (m)	[ven'taʎʎo]
corbata (f)	**cravatta** (f)	[kra'vatta]
pajarita (f)	**cravatta** (f) **a farfalla**	[kra'vatta a far'falla]
tirantes (m pl)	**bretelle** (f pl)	[bre'telle]
moquero (m)	**fazzoletto** (m)	[fattso'letto]
peine (m)	**pettine** (m)	['pettine]
pasador (m) de pelo	**fermaglio** (m)	[fer'maʎʎo]
horquilla (f)	**forcina** (f)	[for'tʃina]
hebilla (f)	**fibbia** (f)	['fibbia]
cinturón (m)	**cintura** (f)	[tʃin'tura]
correa (f) (de bolso)	**spallina** (f)	[spal'lina]
bolsa (f)	**borsa** (f)	['borsa]
bolso (m)	**borsetta** (f)	[bor'setta]
mochila (f)	**zaino** (m)	['dzajno]

32. La ropa. Miscelánea

moda (f)	**moda** (f)	['moda]
de moda (adj)	**di moda**	[di 'moda]
diseñador (m) de moda	**stilista** (m)	[sti'lista]
cuello (m)	**collo** (m)	['kollo]
bolsillo (m)	**tasca** (f)	['taska]
de bolsillo (adj)	**tascabile**	[ta'skabile]
manga (f)	**manica** (f)	['manika]
presilla (f)	**asola** (f) **per appendere**	['azola per ap'pendere]
bragueta (f)	**patta** (f)	['patta]
cremallera (f)	**cerniera** (f) **lampo**	[tʃer'njera 'lampo]
cierre (m)	**chiusura** (f)	[kju'zura]
botón (m)	**bottone** (m)	[bot'tone]

ojal (m)	**occhiello** (m)	[ok'kjello]
saltar (un botón)	**staccarsi** (vr)	[stak'karsi]
coser (vi, vt)	**cucire** (vi, vt)	[ku'ʧire]
bordar (vt)	**ricamare** (vi, vt)	[rika'mare]
bordado (m)	**ricamo** (m)	[ri'kamo]
aguja (f)	**ago** (m)	['ago]
hilo (m)	**filo** (m)	['filo]
costura (f)	**cucitura** (f)	[kuʧi'tura]
ensuciarse (vr)	**sporcarsi** (vr)	[spor'karsi]
mancha (f)	**macchia** (f)	['makkia]
arrugarse (vr)	**sgualcirsi** (vr)	[zgwal'ʧirsi]
rasgar (vt)	**strappare** (vt)	[strap'pare]
polilla (f)	**tarma** (f)	['tarma]

33. Productos personales. Cosméticos

pasta (f) de dientes	**dentifricio** (m)	[denti'friʧo]
cepillo (m) de dientes	**spazzolino** (m) **da denti**	[spatso'lino da 'denti]
limpiarse los dientes	**lavarsi i denti**	[la'varsi i 'denti]
maquinilla (f) de afeitar	**rasoio** (m)	[ra'zojo]
crema (f) de afeitar	**crema** (f) **da barba**	['krema da 'barba]
afeitarse (vr)	**rasarsi** (vr)	[ra'zarsi]
jabón (m)	**sapone** (m)	[sa'pone]
champú (m)	**shampoo** (m)	['ʃampo]
tijeras (f pl)	**forbici** (f pl)	['forbiʧi]
lima (f) de uñas	**limetta** (f)	[li'metta]
cortaúñas (m pl)	**tagliaunghie** (m)	[taʎʎa'ungje]
pinzas (f pl)	**pinzette** (f pl)	[pin'tsette]
cosméticos (m pl)	**cosmetica** (f)	[ko'zmetika]
mascarilla (f)	**maschera** (f) **di bellezza**	['maskera di bel'lettsa]
manicura (f)	**manicure** (m)	[mani'kure]
hacer la manicura	**fare la manicure**	['fare la mani'kure]
pedicura (f)	**pedicure** (m)	[pedi'kure]
neceser (m) de maquillaje	**borsa** (f) **del trucco**	['borsa del 'trukko]
polvos (m pl)	**cipria** (f)	['ʧipria]
polvera (f)	**portacipria** (m)	[porta·'ʧipria]
colorete (m), rubor (m)	**fard** (m)	[far]
perfume (m)	**profumo** (m)	[pro'fumo]
agua (f) perfumada	**acqua** (f) **da toeletta**	['akwa da toe'letta]
loción (f)	**lozione** (f)	[lo'tsjone]
agua (f) de colonia	**acqua** (f) **di Colonia**	['akwa di ko'lonia]
sombra (f) de ojos	**ombretto** (m)	[om'bretto]
lápiz (m) de ojos	**eyeliner** (m)	[aj'lajner]
rímel (m)	**mascara** (m)	[ma'skara]
pintalabios (m)	**rossetto** (m)	[ros'setto]

esmalte (m) de uñas	**smalto** (m)	['zmalto]
fijador (m) (para el pelo)	**lacca** (f) **per capelli**	['lakka per ka'pelli]
desodorante (m)	**deodorante** (m)	[deodo'rante]
crema (f)	**crema** (f)	['krema]
crema (f) de belleza	**crema** (f) **per il viso**	['krema per il 'vizo]
crema (f) de manos	**crema** (f) **per le mani**	['krema per le 'mani]
crema (f) antiarrugas	**crema** (f) **antirughe**	['krema anti'ruge]
crema (f) de día	**crema** (f) **da giorno**	['krema da 'dʒorno]
crema (f) de noche	**crema** (f) **da notte**	['krema da 'notte]
de día (adj)	**da giorno**	[da 'dʒorno]
de noche (adj)	**da notte**	[da 'notte]
tampón (m)	**tampone** (m)	[tam'pone]
papel (m) higiénico	**carta** (f) **igienica**	['karta i'dʒenika]
secador (m) de pelo	**fon** (m)	[fon]

34. Los relojes

reloj (m)	**orologio** (m)	[oro'lodʒo]
esfera (f)	**quadrante** (m)	[kwa'drante]
aguja (f)	**lancetta** (f)	[lan'tʃetta]
pulsera (f)	**braccialetto** (m)	[bratʃa'letto]
correa (f) (del reloj)	**cinturino** (m)	[tʃintu'rino]
pila (f)	**pila** (f)	['pila]
descargarse (vr)	**essere scarico**	['essere 'skariko]
cambiar la pila	**cambiare la pila**	[kam'bjare la 'pila]
adelantarse (vr)	**andare avanti**	[an'dare a'vanti]
retrasarse (vr)	**andare indietro**	[an'dare in'djetro]
reloj (m) de pared	**orologio** (m) **da muro**	[oro'lodʒo da 'muro]
reloj (m) de arena	**clessidra** (f)	['klessidra]
reloj (m) de sol	**orologio** (m) **solare**	[oro'lodʒo so'lare]
despertador (m)	**sveglia** (f)	['zveʎʎa]
relojero (m)	**orologiaio** (m)	[orolo'dʒajo]
reparar (vt)	**riparare** (vt)	[ripa'rare]

La comida y la nutrición

35. La comida

carne (f)	**carne** (f)	['karne]
gallina (f)	**pollo** (m)	['pollo]
pollo (m)	**pollo** (m) **novello**	['pollo no'vello]
pato (m)	**anatra** (f)	['anatra]
ganso (m)	**oca** (f)	['oka]
caza (f) menor	**cacciagione** (f)	[katʃa'dʒone]
pava (f)	**tacchino** (m)	[tak'kino]
carne (f) de cerdo	**maiale** (m)	[ma'jale]
carne (f) de ternera	**vitello** (m)	[vi'tello]
carne (f) de carnero	**agnello** (m)	[a'ɲello]
carne (f) de vaca	**manzo** (m)	['mandzo]
conejo (m)	**coniglio** (m)	[ko'niʎʎo]
salchichón (m)	**salame** (m)	[sa'lame]
salchicha (f)	**würstel** (m)	['vyrstel]
beicon (m)	**pancetta** (f)	[pan'tʃetta]
jamón (m)	**prosciutto** (m)	[pro'ʃutto]
jamón (m) fresco	**prosciutto** (m) **affumicato**	[pro'ʃutto affumi'kato]
paté (m)	**pâté** (m)	[pa'te]
hígado (m)	**fegato** (m)	['fegato]
carne (f) picada	**carne** (f) **trita**	['karne 'trita]
lengua (f)	**lingua** (f)	['lingua]
huevo (m)	**uovo** (m)	[u'ovo]
huevos (m pl)	**uova** (f pl)	[u'ova]
clara (f)	**albume** (m)	[al'bume]
yema (f)	**tuorlo** (m)	[tu'orlo]
pescado (m)	**pesce** (m)	['peʃe]
mariscos (m pl)	**frutti** (m pl) **di mare**	['frutti di 'mare]
crustáceos (m pl)	**crostacei** (m pl)	[kro'statʃei]
caviar (m)	**caviale** (m)	[ka'vjale]
cangrejo (m) de mar	**granchio** (m)	['graŋkio]
camarón (m)	**gamberetto** (m)	[gambe'retto]
ostra (f)	**ostrica** (f)	['ostrika]
langosta (f)	**aragosta** (f)	[ara'gosta]
pulpo (m)	**polpo** (m)	['polpo]
calamar (m)	**calamaro** (m)	[kala'maro]
esturión (m)	**storione** (m)	[sto'rjone]
salmón (m)	**salmone** (m)	[sal'mone]
fletán (m)	**ippoglosso** (m)	[ippo'glosso]
bacalao (m)	**merluzzo** (m)	[mer'luttso]

caballa (f)	**scombro** (m)	['skombro]
atún (m)	**tonno** (m)	['tonno]
anguila (f)	**anguilla** (f)	[an'gwilla]
trucha (f)	**trota** (f)	['trota]
sardina (f)	**sardina** (f)	[sar'dina]
lucio (m)	**luccio** (m)	['lutʃo]
arenque (m)	**aringa** (f)	[a'ringa]
pan (m)	**pane** (m)	['pane]
queso (m)	**formaggio** (m)	[for'madʒo]
azúcar (m)	**zucchero** (m)	['dzukkero]
sal (f)	**sale** (m)	['sale]
arroz (m)	**riso** (m)	['rizo]
macarrones (m pl)	**pasta** (f)	['pasta]
tallarines (m pl)	**tagliatelle** (f pl)	[taʎʎa'telle]
mantequilla (f)	**burro** (m)	['burro]
aceite (m) vegetal	**olio** (m) **vegetale**	['oljo vedʒe'tale]
aceite (m) de girasol	**olio** (m) **di girasole**	['oljo di dʒira'sole]
margarina (f)	**margarina** (f)	[marga'rina]
olivas (f pl)	**olive** (f pl)	[o'live]
aceite (m) de oliva	**olio** (m) **d'oliva**	['oljo do'liva]
leche (f)	**latte** (m)	['latte]
leche (f) condensada	**latte** (m) **condensato**	['latte konden'sato]
yogur (m)	**yogurt** (m)	['jogurt]
nata (f) agria	**panna** (f) **acida**	['panna 'atʃida]
nata (f) líquida	**panna** (f)	['panna]
mayonesa (f)	**maionese** (m)	[majo'neze]
crema (f) de mantequilla	**crema** (f)	['krema]
cereal molido grueso	**cereali** (m pl)	[tʃere'ali]
harina (f)	**farina** (f)	[fa'rina]
conservas (f pl)	**cibi** (m pl) **in scatola**	['tʃibi in 'skatola]
copos (m pl) de maíz	**fiocchi** (m pl) **di mais**	['fjokki di 'mais]
miel (f)	**miele** (m)	['mjele]
confitura (f)	**marmellata** (f)	[marmel'lata]
chicle (m)	**gomma** (f) **da masticare**	['gomma da masti'kare]

36. Las bebidas

agua (f)	**acqua** (f)	['akwa]
agua (f) potable	**acqua** (f) **potabile**	['akwa po'tabile]
agua (f) mineral	**acqua** (f) **minerale**	['akwa mine'rale]
sin gas	**liscia, non gassata**	['liʃa], [non gas'sata]
gaseoso (adj)	**gassata**	[gas'sata]
con gas	**frizzante**	[frid'dzante]
hielo (m)	**ghiaccio** (m)	['gjatʃo]

con hielo	**con ghiaccio**	[kon 'gjatʃo]
sin alcohol	**analcolico**	[anal'koliko]
bebida (f) sin alcohol	**bevanda** (f) **analcolica**	[be'vanda anal'kolika]
refresco (m)	**bibita** (f)	['bibita]
limonada (f)	**limonata** (f)	[limo'nata]
bebidas (f pl) alcohólicas	**bevande** (f pl) **alcoliche**	[be'vande al'kolike]
vino (m)	**vino** (m)	['vino]
vino (m) blanco	**vino** (m) **bianco**	['vino 'bjanko]
vino (m) tinto	**vino** (m) **rosso**	['vino 'rosso]
licor (m)	**liquore** (m)	[li'kwore]
champaña (f)	**champagne** (m)	[ʃam'paɲ]
vermú (m)	**vermouth** (m)	['vermut]
whisky (m)	**whisky**	['wiski]
vodka (m)	**vodka** (f)	['vodka]
ginebra (f)	**gin** (m)	[dʒin]
coñac (m)	**cognac** (m)	['koɲak]
ron (m)	**rum** (m)	[rum]
café (m)	**caffè** (m)	[kaf'fe]
café (m) solo	**caffè** (m) **nero**	[kaf'fe 'nero]
café (m) con leche	**caffè latte** (m)	[kaf'fe 'latte]
capuchino (m)	**cappuccino** (m)	[kappu'tʃino]
café (m) soluble	**caffè** (m) **solubile**	[kaf'fe so'lubile]
leche (f)	**latte** (m)	['latte]
cóctel (m)	**cocktail** (m)	['koktejl]
batido (m)	**frullato** (m)	[frul'lato]
zumo (m), jugo (m)	**succo** (m)	['sukko]
jugo (m) de tomate	**succo** (m) **di pomodoro**	['sukko di pomo'doro]
zumo (m) de naranja	**succo** (m) **d'arancia**	['sukko da'rantʃa]
zumo (m) fresco	**spremuta** (f)	[spre'muta]
cerveza (f)	**birra** (f)	['birra]
cerveza (f) rubia	**birra** (f) **chiara**	['birra 'kjara]
cerveza (f) negra	**birra** (f) **scura**	['birra 'skura]
té (m)	**tè** (m)	[te]
té (m) negro	**tè** (m) **nero**	[te 'nero]
té (m) verde	**tè** (m) **verde**	[te 'verde]

37. Las verduras

legumbres (f pl)	**ortaggi** (m pl)	[or'tadʒi]
verduras (f pl)	**verdura** (f)	[ver'dura]
tomate (m)	**pomodoro** (m)	[pomo'doro]
pepino (m)	**cetriolo** (m)	[tʃetri'olo]
zanahoria (f)	**carota** (f)	[ka'rota]
patata (f)	**patata** (f)	[pa'tata]
cebolla (f)	**cipolla** (f)	[tʃi'polla]

ajo (m)	**aglio** (m)	['aʎʎo]
col (f)	**cavolo** (m)	['kavolo]
coliflor (f)	**cavolfiore** (m)	[kavol'fjore]
col (f) de Bruselas	**cavoletti** (m pl) **di Bruxelles**	[kavo'letti di bruk'sel]
brócoli (m)	**broccolo** (m)	['brokkolo]
remolacha (f)	**barbabietola** (f)	[barba'bjetola]
berenjena (f)	**melanzana** (f)	[melan'tsana]
calabacín (m)	**zucchina** (f)	[dzuk'kina]
calabaza (f)	**zucca** (f)	['dzukka]
nabo (m)	**rapa** (f)	['rapa]
perejil (m)	**prezzemolo** (m)	[pret'tsemolo]
eneldo (m)	**aneto** (m)	[a'neto]
lechuga (f)	**lattuga** (f)	[lat'tuga]
apio (m)	**sedano** (m)	['sedano]
espárrago (m)	**asparago** (m)	[a'sparago]
espinaca (f)	**spinaci** (m pl)	[spi'natʃi]
guisante (m)	**pisello** (m)	[pi'zello]
habas (f pl)	**fave** (f pl)	['fave]
maíz (m)	**mais** (m)	['mais]
fréjol (m)	**fagiolo** (m)	[fa'dʒolo]
pimentón (m)	**peperone** (m)	[pepe'rone]
rábano (m)	**ravanello** (m)	[rava'nello]
alcachofa (f)	**carciofo** (m)	[kar'tʃofo]

38. Las frutas. Las nueces

fruto (m)	**frutto** (m)	['frutto]
manzana (f)	**mela** (f)	['mela]
pera (f)	**pera** (f)	['pera]
limón (m)	**limone** (m)	[li'mone]
naranja (f)	**arancia** (f)	[a'rantʃa]
fresa (f)	**fragola** (f)	['fragola]
mandarina (f)	**mandarino** (m)	[manda'rino]
ciruela (f)	**prugna** (f)	['pruɲa]
melocotón (m)	**pesca** (f)	['peska]
albaricoque (m)	**albicocca** (f)	[albi'kokka]
frambuesa (f)	**lampone** (m)	[lam'pone]
ananás (m)	**ananas** (m)	[ana'nas]
banana (f)	**banana** (f)	[ba'nana]
sandía (f)	**anguria** (f)	[an'guria]
uva (f)	**uva** (f)	['uva]
guinda (f)	**amarena** (f)	[ama'rena]
cereza (f)	**ciliegia** (f)	[tʃi'ljedʒa]
melón (m)	**melone** (m)	[me'lone]
pomelo (m)	**pompelmo** (m)	[pom'pelmo]
aguacate (m)	**avocado** (m)	[avo'kado]
papaya (m)	**papaia** (f)	[pa'paja]

mango (m) | **mango** (m) | ['mango]
granada (f) | **melagrana** (f) | [mela'grana]

grosella (f) roja | **ribes** (m) **rosso** | ['ribes 'rosso]
grosella (f) negra | **ribes** (m) **nero** | ['ribes 'nero]
grosella (f) espinosa | **uva** (f) **spina** | ['uva 'spina]
arándano (m) | **mirtillo** (m) | [mir'tillo]
zarzamoras (f pl) | **mora** (f) | ['mora]

pasas (f pl) | **uvetta** (f) | [u'vetta]
higo (m) | **fico** (m) | ['fiko]
dátil (m) | **dattero** (m) | ['dattero]

cacahuete (m) | **arachide** (f) | [a'rakide]
almendra (f) | **mandorla** (f) | ['mandorla]
nuez (f) | **noce** (f) | ['notʃe]
avellana (f) | **nocciola** (f) | [no'tʃola]
nuez (f) de coco | **noce** (f) **di cocco** | ['notʃe di 'kokko]
pistachos (m pl) | **pistacchi** (m pl) | [pi'stakki]

39. El pan. Los dulces

pasteles (m pl) | **pasticceria** (f) | [pastitʃe'ria]
pan (m) | **pane** (m) | ['pane]
galletas (f pl) | **biscotti** (m pl) | [bi'skotti]

chocolate (m) | **cioccolato** (m) | [tʃokko'lato]
de chocolate (adj) | **al cioccolato** | [al tʃokko'lato]
caramelo (m) | **caramella** (f) | [kara'mella]
tarta (f) (pequeña) | **tortina** (f) | [tor'tina]
tarta (f) (~ de cumpleaños) | **torta** (f) | ['torta]

pastel (m) (~ de manzana) | **crostata** (f) | [kro'stata]
relleno (m) | **ripieno** (m) | [ri'pjeno]

confitura (f) | **marmellata** (f) | [marmel'lata]
mermelada (f) | **marmellata** (f) **di agrumi** | [marmel'lata di a'grumi]
gofre (m) | **wafer** (m) | ['vafer]
helado (m) | **gelato** (m) | [dʒe'lato]
pudín (f) | **budino** (m) | [bu'dino]

40. Los platos al horno

plato (m) | **piatto** (m) | ['pjatto]
cocina (f) | **cucina** (f) | [ku'tʃina]
receta (f) | **ricetta** (f) | [ri'tʃetta]
porción (f) | **porzione** (f) | [por'tsjone]

ensalada (f) | **insalata** (f) | [insa'lata]
sopa (f) | **minestra** (f) | [mi'nestra]
caldo (m) | **brodo** (m) | ['brodo]
bocadillo (m) | **panino** (m) | [pa'nino]

huevos (m pl) fritos	**uova** (f pl) **al tegamino**	[u'ova al tega'mino]
hamburguesa (f)	**hamburger** (m)	[am'burger]
bistec (m)	**bistecca** (f)	[bi'stekka]
guarnición (f)	**contorno** (m)	[kon'torno]
espagueti (m)	**spaghetti** (m pl)	[spa'getti]
puré (m) de patatas	**purè** (m) **di patate**	[pu're di pa'tate]
pizza (f)	**pizza** (f)	['pittsa]
gachas (f pl)	**porridge** (m)	[por'ridʒe]
tortilla (f) francesa	**frittata** (f)	[frit'tata]
cocido en agua (adj)	**bollito**	[bol'lito]
ahumado (adj)	**affumicato**	[affumi'kato]
frito (adj)	**fritto**	['fritto]
seco (adj)	**secco**	['sekko]
congelado (adj)	**congelato**	[kondʒe'lato]
marinado (adj)	**sottoaceto**	[sottoa'tʃeto]
azucarado (adj)	**dolce**	['doltʃe]
salado (adj)	**salato**	[sa'lato]
frío (adj)	**freddo**	['freddo]
caliente (adj)	**caldo**	['kaldo]
amargo (adj)	**amaro**	[a'maro]
sabroso (adj)	**buono, gustoso**	[bu'ono], [gu'stozo]
cocer en agua	**cuocere, preparare** (vt)	[ku'otʃere], [prepa'rare]
preparar (la cena)	**cucinare** (vi)	[kutʃi'nare]
freír (vt)	**friggere** (vt)	['fridʒere]
calentar (vt)	**riscaldare** (vt)	[riskal'dare]
salar (vt)	**salare** (vt)	[sa'lare]
poner pimienta	**pepare** (vt)	[pe'pare]
rallar (vt)	**grattugiare** (vt)	[grattu'dʒare]
piel (f)	**buccia** (f)	['butʃa]
pelar (vt)	**sbucciare** (vt)	[zbu'tʃare]

41. Las especias

sal (f)	**sale** (m)	['sale]
salado (adj)	**salato**	[sa'lato]
salar (vt)	**salare** (vt)	[sa'lare]
pimienta (f) negra	**pepe** (m) **nero**	['pepe 'nero]
pimienta (f) roja	**peperoncino** (m)	[peperon'tʃino]
mostaza (f)	**senape** (f)	[se'nape]
rábano (m) picante	**cren** (m)	['kren]
condimento (m)	**condimento** (m)	[kondi'mento]
especia (f)	**spezie** (f pl)	['spetsie]
salsa (f)	**salsa** (f)	['salsa]
vinagre (m)	**aceto** (m)	[a'tʃeto]
anís (m)	**anice** (m)	['anitʃe]
albahaca (f)	**basilico** (m)	[ba'ziliko]

clavo (m)	**chiodi** (m pl) **di garofano**	['kjodi di ga'rofano]
jengibre (m)	**zenzero** (m)	['ʣenʣero]
cilantro (m)	**coriandolo** (m)	[kori'andolo]
canela (f)	**cannella** (f)	[kan'nella]
sésamo (m)	**sesamo** (m)	[sezamo]
hoja (f) de laurel	**alloro** (m)	[al'loro]
paprika (f)	**paprica** (f)	['paprika]
comino (m)	**cumino, comino** (m)	[ku'mino], [ko'mino]
azafrán (m)	**zafferano** (m)	[ʣaffe'rano]

42. Las comidas

comida (f)	**cibo** (m)	['ʧibo]
comer (vi, vt)	**mangiare** (vi, vt)	[man'ʤare]
desayuno (m)	**colazione** (f)	[kola'tsjone]
desayunar (vi)	**fare colazione**	['fare kola'tsjone]
almuerzo (m)	**pranzo** (m)	['prantso]
almorzar (vi)	**pranzare** (vi)	[pran'tsare]
cena (f)	**cena** (f)	['ʧena]
cenar (vi)	**cenare** (vi)	[ʧe'nare]
apetito (m)	**appetito** (m)	[appe'tito]
¡Que aproveche!	**Buon appetito!**	[bu'on appe'tito]
abrir (vt)	**aprire** (vt)	[a'prire]
derramar (líquido)	**rovesciare** (vt)	[rove'ʃare]
derramarse (líquido)	**rovesciarsi** (vi)	[rove'ʃarsi]
hervir (vi)	**bollire** (vi)	[bol'lire]
hervir (vt)	**far bollire**	[far bol'lire]
hervido (agua ~a)	**bollito**	[bol'lito]
enfriar (vt)	**raffreddare** (vt)	[raffred'dare]
enfriarse (vr)	**raffreddarsi** (vr)	[raffred'darsi]
sabor (m)	**gusto** (m)	['gusto]
regusto (m)	**retrogusto** (m)	[retro'gusto]
adelgazar (vi)	**essere a dieta**	['essere a di'eta]
dieta (f)	**dieta** (f)	[di'eta]
vitamina (f)	**vitamina** (f)	[vita'mina]
caloría (f)	**caloria** (f)	[kalo'ria]
vegetariano (m)	**vegetariano** (m)	[veʤeta'rjano]
vegetariano (adj)	**vegetariano**	[veʤeta'rjano]
grasas (f pl)	**grassi** (m pl)	['grassi]
proteínas (f pl)	**proteine** (f pl)	[prote'ine]
carbohidratos (m pl)	**carboidrati** (m pl)	[karboi'drati]
loncha (f)	**fetta** (f), **fettina** (f)	['fetta], [fet'tina]
pedazo (m)	**pezzo** (m)	['pettso]
miga (f)	**briciola** (f)	['briʧola]

43. Los cubiertos

cuchara (f)	**cucchiaio** (m)	[kuk'kjajo]
cuchillo (m)	**coltello** (m)	[kol'tello]
tenedor (m)	**forchetta** (f)	[for'ketta]
taza (f)	**tazza** (f)	['tattsa]
plato (m)	**piatto** (m)	['pjatto]
platillo (m)	**piattino** (m)	[pjat'tino]
servilleta (f)	**tovagliolo** (m)	[tovaʎ'ʎolo]
mondadientes (m)	**stuzzicadenti** (m)	[stuttsika'denti]

44. El restaurante

restaurante (m)	**ristorante** (m)	[risto'rante]
cafetería (f)	**caffè** (m)	[kaf'fe]
bar (m)	**pub** (m), **bar** (m)	[pab], [bar]
salón (m) de té	**sala** (f) **da tè**	['sala da 'te]
camarero (m)	**cameriere** (m)	[kame'rjere]
camarera (f)	**cameriera** (f)	[kame'rjera]
barman (m)	**barista** (m)	[ba'rista]
carta (f), menú (m)	**menù** (m)	[me'nu]
carta (f) de vinos	**lista** (f) **dei vini**	['lista 'dei 'vini]
reservar una mesa	**prenotare un tavolo**	[preno'tare un 'tavolo]
plato (m)	**piatto** (m)	['pjatto]
pedir (vt)	**ordinare** (vt)	[ordi'nare]
hacer el pedido	**fare un'ordinazione**	['fare unordina'tsjone]
aperitivo (m)	**aperitivo** (m)	[aperi'tivo]
entremés (m)	**antipasto** (m)	[anti'pasto]
postre (m)	**dolce** (m)	['doltʃe]
cuenta (f)	**conto** (m)	['konto]
pagar la cuenta	**pagare il conto**	[pa'gare il 'konto]
dar la vuelta	**dare il resto**	['dare il 'resto]
propina (f)	**mancia** (f)	['mantʃa]

La familia nuclear, los parientes y los amigos

45. La información personal. Los formularios

nombre (m)	**nome** (m)	['nome]
apellido (m)	**cognome** (m)	[ko'ɲome]
fecha (f) de nacimiento	**data** (f) **di nascita**	['data di 'naʃita]
lugar (m) de nacimiento	**luogo** (m) **di nascita**	[lu'ogo di 'naʃita]
nacionalidad (f)	**nazionalità** (f)	[natsjonali'ta]
domicilio (m)	**domicilio** (m)	[domi'ʧilio]
país (m)	**paese** (m)	[pa'eze]
profesión (f)	**professione** (f)	[profes'sjone]
sexo (m)	**sesso** (m)	['sesso]
estatura (f)	**statura** (f)	[sta'tura]
peso (m)	**peso** (m)	['pezo]

46. Los familiares. Los parientes

madre (f)	**madre** (f)	['madre]
padre (m)	**padre** (m)	['padre]
hijo (m)	**figlio** (m)	['fiʎʎo]
hija (f)	**figlia** (f)	['fiʎʎa]
hija (f) menor	**figlia** (f) **minore**	['fiʎʎa mi'nore]
hijo (m) menor	**figlio** (m) **minore**	['fiʎʎo mi'nore]
hija (f) mayor	**figlia** (f) **maggiore**	['fiʎʎa ma'ʤore]
hijo (m) mayor	**figlio** (m) **maggiore**	['fiʎʎo ma'ʤore]
hermano (m)	**fratello** (m)	[fra'tello]
hermana (f)	**sorella** (f)	[so'rella]
primo (m)	**cugino** (m)	[ku'ʤino]
prima (f)	**cugina** (f)	[ku'ʤina]
mamá (f)	**mamma** (f)	['mamma]
papá (m)	**papà** (m)	[pa'pa]
padres (m pl)	**genitori** (m pl)	[ʤeni'tori]
niño -a (m, f)	**bambino** (m)	[bam'bino]
niños (m pl)	**bambini** (m pl)	[bam'bini]
abuela (f)	**nonna** (f)	['nonna]
abuelo (m)	**nonno** (m)	['nonno]
nieto (m)	**nipote** (m)	[ni'pote]
nieta (f)	**nipote** (f)	[ni'pote]
nietos (m pl)	**nipoti** (pl)	[ni'poti]
tío (m)	**zio** (m)	['tsio]
tía (f)	**zia** (f)	['tsia]

sobrino (m)	**nipote** (m)	[ni'pote]
sobrina (f)	**nipote** (f)	[ni'pote]
suegra (f)	**suocera** (f)	[su'otʃera]
suegro (m)	**suocero** (m)	[su'otʃero]
yerno (m)	**genero** (m)	['dʒenero]
madrastra (f)	**matrigna** (f)	[ma'triɲa]
padrastro (m)	**patrigno** (m)	[pa'triɲo]
niño (m) de pecho	**neonato** (m)	[neo'nato]
bebé (m)	**infante** (m)	[in'fante]
chico (m)	**bimbo** (m)	['bimbo]
mujer (f)	**moglie** (f)	['moʎʎe]
marido (m)	**marito** (m)	[ma'rito]
esposo (m)	**coniuge** (m)	['konjudʒe]
esposa (f)	**coniuge** (f)	['konjudʒe]
casado (adj)	**sposato**	[spo'zato]
casada (adj)	**sposata**	[spo'zata]
soltero (adj)	**celibe**	['tʃelibe]
soltero (m)	**scapolo** (m)	['skapolo]
divorciado (adj)	**divorziato**	[divortsi'ato]
viuda (f)	**vedova** (f)	['vedova]
viudo (m)	**vedovo** (m)	['vedovo]
pariente (m)	**parente** (m)	[pa'rente]
pariente (m) cercano	**parente** (m) **stretto**	[pa'rente 'stretto]
pariente (m) lejano	**parente** (m) **lontano**	[pa'rente lon'tano]
parientes (m pl)	**parenti** (m pl)	[pa'renti]
huérfano (m)	**orfano** (m)	['orfano]
huérfana (f)	**orfana** (f)	['orfana]
tutor (m)	**tutore** (m)	[tu'tore]
adoptar (un niño)	**adottare** (vt)	[adot'tare]
adoptar (una niña)	**adottare** (vt)	[adot'tare]

La medicina

47. Las enfermedades

enfermedad (f)	**malattia** (f)	[malat'tia]
estar enfermo	**essere malato**	['essere ma'lato]
salud (f)	**salute** (f)	[sa'lute]
resfriado (m) (coriza)	**raffreddore** (m)	[raffred'dore]
angina (f)	**tonsillite** (f)	[tonsil'lite]
resfriado (m)	**raffreddore** (m)	[raffred'dore]
resfriarse (vr)	**raffreddarsi** (vr)	[raffred'darsi]
bronquitis (f)	**bronchite** (f)	[bron'kite]
pulmonía (f)	**polmonite** (f)	[polmo'nite]
gripe (f)	**influenza** (f)	[influ'entsa]
miope (adj)	**miope**	['miope]
présbita (adj)	**presbite**	['prezbite]
estrabismo (m)	**strabismo** (m)	[stra'bizmo]
estrábico (m) (adj)	**strabico**	['strabiko]
catarata (f)	**cateratta** (f)	[kate'ratta]
glaucoma (f)	**glaucoma** (m)	[glau'koma]
insulto (m)	**ictus** (m) **cerebrale**	['iktus ʧere'brale]
ataque (m) cardiaco	**attacco** (m) **di cuore**	[at'tako di ku'ore]
infarto (m) de miocardio	**infarto** (m) **miocardico**	[in'farto miokar'diko]
parálisis (f)	**paralisi** (f)	[pa'ralizi]
paralizar (vt)	**paralizzare** (vt)	[paralid'ʣare]
alergia (f)	**allergia** (f)	[aller'ʤia]
asma (f)	**asma** (f)	['azma]
diabetes (m)	**diabete** (m)	[dia'bete]
dolor (m) de muelas	**mal** (m) **di denti**	[mal di 'denti]
caries (f)	**carie** (f)	['karie]
diarrea (f)	**diarrea** (f)	[diar'rea]
estreñimiento (m)	**stitichezza** (f)	[stiti'kettsa]
molestia (f) estomacal	**disturbo** (m) **gastrico**	[di'sturbo 'gastriko]
envenenamiento (m)	**intossicazione** (f) **alimentare**	[intossika'tsjone alimen'tare]
envenenarse (vr)	**intossicarsi** (vr)	[intossi'karsi]
artritis (f)	**artrite** (f)	[ar'trite]
raquitismo (m)	**rachitide** (f)	[ra'kitide]
reumatismo (m)	**reumatismo** (m)	[reuma'tizmo]
ateroesclerosis (f)	**aterosclerosi** (f)	[ateroskle'rozi]
gastritis (f)	**gastrite** (f)	[ga'strite]
apendicitis (f)	**appendicite** (f)	[appendi'ʧite]

colecistitis (m)	**colecistite** (f)	[koletʃi'stite]
úlcera (f)	**ulcera** (f)	['ultʃera]
sarampión (m)	**morbillo** (m)	[mor'billo]
rubeola (f)	**rosolia** (f)	[rozo'lia]
ictericia (f)	**itterizia** (f)	[itte'ritsia]
hepatitis (f)	**epatite** (f)	[epa'tite]
esquizofrenia (f)	**schizofrenia** (f)	[skidzofre'nia]
rabia (f) (hidrofobia)	**rabbia** (f)	['rabbia]
neurosis (f)	**nevrosi** (f)	[ne'vrozi]
conmoción (m) cerebral	**commozione** (f) **cerebrale**	[kommo'tsjone tʃere'brale]
cáncer (m)	**cancro** (m)	['kankro]
esclerosis (f)	**sclerosi** (f)	[skle'rozi]
esclerosis (m) múltiple	**sclerosi** (f) **multipla**	[skle'rozi 'multipla]
alcoholismo (m)	**alcolismo** (m)	[alko'lizmo]
alcohólico (m)	**alcolizzato** (m)	[alkolid'dzato]
sífilis (f)	**sifilide** (f)	[si'filide]
SIDA (f)	**AIDS** (m)	['aids]
tumor (m)	**tumore** (m)	[tu'more]
maligno (adj)	**maligno**	[ma'liɲo]
benigno (adj)	**benigno**	[be'niɲo]
fiebre (f)	**febbre** (f)	['febbre]
malaria (f)	**malaria** (f)	[ma'laria]
gangrena (f)	**cancrena** (f)	[kan'krena]
mareo (m)	**mal** (m) **di mare**	[mal di 'mare]
epilepsia (f)	**epilessia** (f)	[epiles'sia]
epidemia (f)	**epidemia** (f)	[epide'mia]
tifus (m)	**tifo** (m)	['tifo]
tuberculosis (f)	**tubercolosi** (f)	[tuberko'lozi]
cólera (f)	**colera** (m)	[ko'lera]
peste (f)	**peste** (f)	['peste]

48. Los síntomas. Los tratamientos. Unidad 1

síntoma (m)	**sintomo** (m)	['sintomo]
temperatura (f)	**temperatura** (f)	[tempera'tura]
fiebre (f)	**febbre** (f) **alta**	['febbre 'alta]
pulso (m)	**polso** (m)	['polso]
mareo (m) (vértigo)	**capogiro** (m)	[kapo'dʒiro]
caliente (adj)	**caldo**	['kaldo]
escalofrío (m)	**brivido** (m)	['brivido]
pálido (adj)	**pallido**	['pallido]
tos (f)	**tosse** (f)	['tosse]
toser (vi)	**tossire** (vi)	[tos'sire]
estornudar (vi)	**starnutire** (vi)	[starnu'tire]
desmayo (m)	**svenimento** (m)	[zveni'mento]
desmayarse (vr)	**svenire** (vi)	[zve'nire]

moradura (f)	**livido** (m)	['livido]
chichón (m)	**bernoccolo** (m)	[ber'nokkolo]
golpearse (vr)	**farsi un livido**	['farsi un 'livido]
magulladura (f)	**contusione** (f)	[kontu'zjone]
magullarse (vr)	**farsi male**	['farsi 'male]
cojear (vi)	**zoppicare** (vi)	[ʤoppi'kare]
dislocación (f)	**slogatura** (f)	[zloga'tura]
dislocar (vt)	**slogarsi** (vr)	[zlo'garsi]
fractura (f)	**frattura** (f)	[frat'tura]
tener una fractura	**fratturarsi** (vr)	[frattu'rarsi]
corte (m) (tajo)	**taglio** (m)	['taʎʎo]
cortarse (vr)	**tagliarsi** (vr)	[taʎ'ʎarsi]
hemorragia (f)	**emorragia** (f)	[emorra'ʤia]
quemadura (f)	**scottatura** (f)	[skotta'tura]
quemarse (vr)	**scottarsi** (vr)	[skot'tarsi]
pincharse (el dedo)	**pungere** (vt)	['punʤere]
pincharse (vr)	**pungersi** (vr)	['punʤersi]
herir (vt)	**ferire** (vt)	[fe'rire]
herida (f)	**ferita** (f)	[fe'rita]
lesión (f) (herida)	**lesione** (f)	[le'zjone]
trauma (m)	**trauma** (m)	['trauma]
delirar (vi)	**delirare** (vi)	[deli'rare]
tartamudear (vi)	**tartagliare** (vi)	[tartaʎ'ʎare]
insolación (f)	**colpo** (m) **di sole**	['kolpo di 'sole]

49. Los síntomas. Los tratamientos. Unidad 2

dolor (m)	**dolore** (m), **male** (m)	[do'lore], ['male]
astilla (f)	**scheggia** (f)	['skeʤa]
sudor (m)	**sudore** (m)	[su'dore]
sudar (vi)	**sudare** (vi)	[su'dare]
vómito (m)	**vomito** (m)	['vomito]
convulsiones (f)	**convulsioni** (f pl)	[konvul'sjoni]
embarazada (adj)	**incinta**	[in'ʧinta]
nacer (vi)	**nascere** (vi)	['naʃere]
parto (m)	**parto** (m)	['parto]
dar a luz	**essere in travaglio**	['essere in tra'vaʎʎo]
aborto (m)	**aborto** (m)	[a'borto]
respiración (f)	**respirazione** (f)	[respira'tsjone]
inspiración (f)	**inspirazione** (f)	[inspira'tsjone]
espiración (f)	**espirazione** (f)	[espira'tsjone]
espirar (vi)	**espirare** (vi)	[espi'rare]
inspirar (vi)	**inspirare** (vi)	[inspi'rare]
inválido (m)	**invalido** (m)	[in'valido]
mutilado (m)	**storpio** (m)	['storpjo]

drogadicto (m)	**battaglia** (f)	[bat'taʎʎa]
sordo (adj)	**sordo**	['sordo]
mudo (adj)	**muto**	['muto]
sordomudo (adj)	**sordomuto**	[sordo'muto]
loco (adj)	**matto**	['matto]
loco (m)	**matto** (m)	['matto]
loca (f)	**matta** (f)	['matta]
volverse loco	**impazzire** (vi)	[impat'tsire]
gen (m)	**gene** (m)	['ʤene]
inmunidad (f)	**immunità** (f)	[immuni'ta]
hereditario (adj)	**ereditario**	[eredi'tario]
de nacimiento (adj)	**innato**	[in'nato]
virus (m)	**virus** (m)	['virus]
microbio (m)	**microbo** (m)	['mikrobo]
bacteria (f)	**batterio** (m)	[bat'terio]
infección (f)	**infezione** (f)	[infe'tsjone]

50. Los síntomas. Los tratamientos. Unidad 3

hospital (m)	**ospedale** (m)	[ospe'dale]
paciente (m)	**paziente** (m)	[pa'tsjente]
diagnosis (f)	**diagnosi** (f)	[di'aɲozi]
cura (f)	**cura** (f)	['kura]
tratamiento (m)	**trattamento** (m)	[tratta'mento]
curarse (vr)	**curarsi** (vr)	[ku'rarsi]
tratar (vt)	**curare** (vt)	[ku'rare]
cuidar (a un enfermo)	**accudire**	[akku'dire]
cuidados (m pl)	**assistenza** (f)	[assi'stentsa]
operación (f)	**operazione** (f)	[opera'tsjone]
vendar (vt)	**bendare** (vt)	[ben'dare]
vendaje (m)	**fasciatura** (f)	[faʃa'tura]
vacunación (f)	**vaccinazione** (f)	[vaʧina'tsjone]
vacunar (vt)	**vaccinare** (vt)	[vaʧi'nare]
inyección (f)	**iniezione** (f)	[inje'tsjone]
aplicar una inyección	**fare una puntura**	['fare 'una pun'tura]
ataque (m)	**attacco** (m)	[at'takko]
amputación (f)	**amputazione** (f)	[amputa'tsjone]
amputar (vt)	**amputare** (vt)	[ampu'tare]
coma (m)	**coma** (m)	['koma]
estar en coma	**essere in coma**	['essere in 'koma]
revitalización (f)	**rianimazione** (f)	[rianima'tsjone]
recuperarse (vr)	**guarire** (vi)	[gwa'rire]
estado (m) (de salud)	**stato** (f)	['stato]
consciencia (f)	**conoscenza** (f)	[kono'ʃentsa]
memoria (f)	**memoria** (f)	[me'moria]
extraer (un diente)	**estrarre** (vt)	[e'strarre]

empaste (m)	**otturazione** (f)	[ottura'tsjone]
empastar (vt)	**otturare** (vt)	[ottu'rare]
hipnosis (f)	**ipnosi** (f)	[ip'nozi]
hipnotizar (vt)	**ipnotizzare** (vt)	[ipnotid'dzare]

51. Los médicos

médico (m)	**medico** (m)	['mediko]
enfermera (f)	**infermiera** (f)	[infer'mjera]
médico (m) personal	**medico** (m) **personale**	['mediko perso'nale]
dentista (m)	**dentista** (m)	[den'tista]
oftalmólogo (m)	**oculista** (m)	[oku'lista]
internista (m)	**internista** (m)	[inter'nista]
cirujano (m)	**chirurgo** (m)	[ki'rurgo]
psiquiatra (m)	**psichiatra** (m)	[psiki'atra]
pediatra (m)	**pediatra** (m)	[pedi'atra]
psicólogo (m)	**psicologo** (m)	[psi'kologo]
ginecólogo (m)	**ginecologo** (m)	[dʒine'kologo]
cardiólogo (m)	**cardiologo** (m)	[kar'djologo]

52. La medicina. Las drogas. Los accesorios

medicamento (m), droga (f)	**medicina** (f)	[medi'tʃina]
remedio (m)	**rimedio** (m)	[ri'medio]
prescribir (vt)	**prescrivere** (vt)	[pres'krivere]
receta (f)	**prescrizione** (f)	[preskri'tsjone]
tableta (f)	**compressa** (f)	[kom'pressa]
ungüento (m)	**unguento** (m)	[un'gwento]
ampolla (f)	**fiala** (f)	[fi'ala]
mixtura (f), mezcla (f)	**pozione** (f)	[po'tsjone]
sirope (m)	**sciroppo** (m)	[ʃi'roppo]
píldora (f)	**pillola** (f)	['pillola]
polvo (m)	**polverina** (f)	[polve'rina]
venda (f)	**benda** (f)	['benda]
algodón (m) (discos de ~)	**ovatta** (f)	[o'vatta]
yodo (m)	**iodio** (m)	[i'odio]
tirita (f), curita (f)	**cerotto** (m)	[tʃe'rotto]
pipeta (f)	**contagocce** (m)	[konta'gotʃe]
termómetro (m)	**termometro** (m)	[ter'mometro]
jeringa (f)	**siringa** (f)	[si'ringa]
silla (f) de ruedas	**sedia** (f) **a rotelle**	['sedia a ro'telle]
muletas (f pl)	**stampelle** (f pl)	[stam'pelle]
anestésico (m)	**analgesico** (m)	[anal'dʒeziko]
purgante (m)	**lassativo** (m)	[lassa'tivo]

alcohol (m)	**alcol** (m)	[al'kol]
hierba (f) medicinal	**erba** (f) **officinale**	['erba offitʃi'nale]
de hierbas (té ~)	**d'erbe**	['derbe]

EL AMBIENTE HUMANO

La ciudad

53. La ciudad. La vida en la ciudad

ciudad (f)	**città** (f)	[ʧit'ta]
capital (f)	**capitale** (f)	[kapi'tale]
aldea (f)	**villaggio** (m)	[vil'laʤo]
plano (m) de la ciudad	**mappa** (f) **della città**	['mappa 'della ʧit'ta]
centro (m) de la ciudad	**centro** (m) **della città**	['ʧentro 'della ʧit'ta]
suburbio (m)	**sobborgo** (m)	[sob'borgo]
suburbano (adj)	**suburbano**	[subur'bano]
arrabal (m)	**periferia** (f)	[perife'ria]
afueras (f pl)	**dintorni** (m pl)	[din'torni]
barrio (m)	**isolato** (m)	[izo'lato]
zona (f) de viviendas	**quartiere** (m) **residenziale**	[kwar'tjere reziden'tsjale]
tráfico (m)	**traffico** (m)	['traffiko]
semáforo (m)	**semaforo** (m)	[se'maforo]
transporte (m) urbano	**trasporti** (m pl) **urbani**	[tras'porti ur'bani]
cruce (m)	**incrocio** (m)	[in'kroʧo]
paso (m) de peatones	**passaggio** (m) **pedonale**	[pas'saʤo pedo'nale]
paso (m) subterráneo	**sottopassaggio** (m)	[sotto·pas'saʤo]
cruzar (vt)	**attraversare** (vt)	[attraver'sare]
peatón (m)	**pedone** (m)	[pe'done]
acera (f)	**marciapiede** (m)	[marʧa'pjede]
puente (m)	**ponte** (m)	['ponte]
muelle (m)	**banchina** (f)	[baŋ'kina]
fuente (f)	**fontana** (f)	[fon'tana]
alameda (f)	**vialetto** (m)	[via'letto]
parque (m)	**parco** (m)	['parko]
bulevar (m)	**boulevard** (m)	[bul'var]
plaza (f)	**piazza** (f)	['pjattsa]
avenida (f)	**viale** (m), **corso** (m)	[vi'ale], ['korso]
calle (f)	**via** (f), **strada** (f)	['via], ['strada]
callejón (m)	**vicolo** (m)	['vikolo]
callejón (m) sin salida	**vicolo** (m) **cieco**	['vikolo 'ʧjeko]
casa (f)	**casa** (f)	['kaza]
edificio (m)	**edificio** (m)	[edi'fiʧo]
rascacielos (m)	**grattacielo** (m)	[gratta'ʧelo]
fachada (f)	**facciata** (f)	[fa'ʧata]
techo (m)	**tetto** (m)	['tetto]

ventana (f)	**finestra** (f)	[fi'nestra]
arco (m)	**arco** (m)	['arko]
columna (f)	**colonna** (f)	[ko'lonna]
esquina (f)	**angolo** (m)	['angolo]
escaparate (f)	**vetrina** (f)	[ve'trina]
letrero (m) (~ luminoso)	**insegna** (f)	[in'seɲa]
cartel (m)	**cartellone** (m)	[kartel'lone]
cartel (m) publicitario	**cartellone** (m) **pubblicitario**	[kartel'lone pubbliʧi'tario]
valla (f) publicitaria	**tabellone** (m) **pubblicitario**	[tabel'lone pubbliʧi'tario]
basura (f)	**pattume** (m), **spazzatura** (f)	[pat'tume], [spattsa'tura]
cajón (m) de basura	**pattumiera** (f)	[pattu'mjera]
tirar basura	**sporcare** (vi)	[spor'kare]
basurero (m)	**discarica** (f) **di rifiuti**	[dis'karika di ri'fjuti]
cabina (f) telefónica	**cabina** (f) **telefonica**	[ka'bina tele'fonika]
farola (f)	**lampione** (m)	[lam'pjone]
banco (m) (del parque)	**panchina** (f)	[paŋ'kina]
policía (m)	**poliziotto** (m)	[poli'tsjotto]
policía (f) (~ nacional)	**polizia** (f)	[poli'tsia]
mendigo (m)	**mendicante** (m)	[mendi'kante]
persona (f) sin hogar	**barbone** (m)	[bar'bone]

54. Las instituciones urbanas

tienda (f)	**negozio** (m)	[ne'gotsio]
farmacia (f)	**farmacia** (f)	[farma'ʧia]
óptica (f)	**ottica** (f)	['ottika]
centro (m) comercial	**centro** (m) **commerciale**	['ʧentro kommer'ʧale]
supermercado (m)	**supermercato** (m)	[supermer'kato]
panadería (f)	**panetteria** (f)	[panette'ria]
panadero (m)	**fornaio** (m)	[for'najo]
pastelería (f)	**pasticceria** (f)	[pastiʧe'ria]
tienda (f) de comestibles	**drogheria** (f)	[droge'ria]
carnicería (f)	**macelleria** (f)	[maʧelle'ria]
verdulería (f)	**fruttivendolo** (m)	[frutti'vendolo]
mercado (m)	**mercato** (m)	[mer'kato]
cafetería (f)	**caffè** (m)	[kaf'fe]
restaurante (m)	**ristorante** (m)	[risto'rante]
cervecería (f)	**birreria** (f), **pub** (m)	[birre'ria], [pab]
pizzería (f)	**pizzeria** (f)	[pittse'ria]
peluquería (f)	**salone** (m) **di parrucchiere**	[sa'lone di parruk'kjere]
oficina (f) de correos	**ufficio** (m) **postale**	[uf'fiʧo po'stale]
tintorería (f)	**lavanderia** (f) **a secco**	[lavande'ria a 'sekko]
estudio (m) fotográfico	**studio** (m) **fotografico**	['studio foto'grafiko]
zapatería (f)	**negozio** (m) **di scarpe**	[ne'gotsio di 'skarpe]
librería (f)	**libreria** (f)	[libre'ria]

tienda (f) deportiva	**negozio** (m) **sportivo**	[ne'gotsio spor'tivo]
arreglos (m pl) de ropa	**riparazione** (f) **di abiti**	[ripara'tsjone di 'abiti]
alquiler (m) de ropa	**noleggio** (m) **di abiti**	[no'ledʒo di 'abiti]
videoclub (m)	**noleggio** (m) **di film**	[no'ledʒo di film]
circo (m)	**circo** (m)	['ʧirko]
zoo (m)	**zoo** (m)	['dzoo]
cine (m)	**cinema** (m)	['ʧinema]
museo (m)	**museo** (m)	[mu'zeo]
biblioteca (f)	**biblioteca** (f)	[biblio'teka]
teatro (m)	**teatro** (m)	[te'atro]
ópera (f)	**teatro** (m) **dell'opera**	[te'atro dell 'opera]
club (m) nocturno	**locale notturno** (m)	[lo'kale not'turno]
casino (m)	**casinò** (m)	[kazi'no]
mezquita (f)	**moschea** (f)	[mos'kea]
sinagoga (f)	**sinagoga** (f)	[sina'goga]
catedral (f)	**cattedrale** (f)	[katte'drale]
templo (m)	**tempio** (m)	['tempjo]
iglesia (f)	**chiesa** (f)	['kjeza]
instituto (m)	**istituto** (m)	[isti'tuto]
universidad (f)	**università** (f)	[universi'ta]
escuela (f)	**scuola** (f)	['skwola]
prefectura (f)	**prefettura** (f)	[prefet'tura]
alcaldía (f)	**municipio** (m)	[muni'ʧipio]
hotel (m)	**albergo** (m)	[al'bergo]
banco (m)	**banca** (f)	['banka]
embajada (f)	**ambasciata** (f)	[amba'ʃata]
agencia (f) de viajes	**agenzia** (f) **di viaggi**	[adʒen'tsia di 'vjadʒi]
oficina (f) de información	**ufficio** (m) **informazioni**	[uf'fiʧo informa'tsjoni]
oficina (f) de cambio	**ufficio** (m) **dei cambi**	[uf'fiʧo dei 'kambi]
metro (m)	**metropolitana** (f)	[metropoli'tana]
hospital (m)	**ospedale** (m)	[ospe'dale]
gasolinera (f)	**distributore** (m) **di benzina**	[distribu'tore di ben'dzina]
aparcamiento (m)	**parcheggio** (m)	[par'kedʒo]

55. Los avisos

letrero (m) (~ luminoso)	**insegna** (f)	[in'seɲa]
cartel (m) (texto escrito)	**iscrizione** (f)	[iskri'tsjone]
pancarta (f)	**cartellone** (m)	[kartel'lone]
signo (m) de dirección	**segnale** (m) **di direzione**	[se'ɲale di dire'tsjone]
flecha (f) (signo)	**freccia** (f)	['freʧa]
advertencia (f)	**avvertimento** (m)	[avverti'mento]
aviso (m)	**avvertimento** (m)	[avverti'mento]
advertir (vt)	**avvertire** (vt)	[avver'tire]
día (m) de descanso	**giorno** (m) **di riposo**	['dʒorno di ri'pozo]

horario (m)	**orario** (m)	[o'rario]
horario (m) de apertura	**orario** (m) **di apertura**	[o'rario di aper'tura]
¡BIENVENIDOS!	**BENVENUTI!**	[benve'nuti]
ENTRADA	**ENTRATA**	[en'trata]
SALIDA	**USCITA**	[u'ʃita]
EMPUJAR	**SPINGERE**	['spindʒere]
TIRAR	**TIRARE**	[ti'rare]
ABIERTO	**APERTO**	[a'perto]
CERRADO	**CHIUSO**	['kjuzo]
MUJERES	**DONNE**	['donne]
HOMBRES	**UOMINI**	[u'omini]
REBAJAS	**SCONTI**	['skonti]
SALDOS	**SALDI**	['saldi]
NOVEDAD	**NOVITÀ!**	[novi'ta]
GRATIS	**GRATIS**	['gratis]
¡ATENCIÓN!	**ATTENZIONE!**	[atten'tsjone]
COMPLETO	**COMPLETO**	[kom'pleto]
RESERVADO	**RISERVATO**	[rizer'vato]
ADMINISTRACIÓN	**AMMINISTRAZIONE**	[amministra'tsjone]
SÓLO PERSONAL AUTORIZADO	**RISERVATO AL PERSONALE**	[rizer'vato al perso'nale]
CUIDADO CON EL PERRO	**ATTENTI AL CANE**	[at'tenti al 'kane]
PROHIBIDO FUMAR	**VIETATO FUMARE!**	[vje'tato fu'mare]
NO TOCAR	**NON TOCCARE**	[non tok'kare]
PELIGROSO	**PERICOLOSO**	[periko'lozo]
PELIGRO	**PERICOLO**	[pe'rikolo]
ALTA TENSIÓN	**ALTA TENSIONE**	['alta ten'sjone]
PROHIBIDO BAÑARSE	**DIVIETO DI BALNEAZIONE**	[di'vjeto di balnea'tsjone]
NO FUNCIONA	**GUASTO**	['gwasto]
INFLAMABLE	**INFIAMMABILE**	[infjam'mabile]
PROHIBIDO	**VIETATO**	[vje'tato]
PROHIBIDO EL PASO	**VIETATO L'INGRESSO**	[vje'tato lin'greso]
RECIÉN PINTADO	**VERNICE FRESCA**	[ver'nitʃe 'freska]

56. El transporte urbano

autobús (m)	**autobus** (m)	['autobus]
tranvía (m)	**tram** (m)	[tram]
trolebús (m)	**filobus** (m)	['filobus]
itinerario (m)	**itinerario** (m)	[itine'rario]
número (m)	**numero** (m)	['numero]
ir en ...	**andare in ...**	[an'dare in]
tomar (~ el autobús)	**salire su ...**	[sa'lire su]
bajar (~ del tren)	**scendere da ...**	['ʃendere da]

parada (f)	**fermata** (f)	[fer'mata]
próxima parada (f)	**prossima fermata** (f)	['prossima fer'mata]
parada (f) final	**capolinea** (m)	[kapo'linea]
horario (m)	**orario** (m)	[o'rario]
esperar (aguardar)	**aspettare** (vt)	[aspet'tare]
billete (m)	**biglietto** (m)	[biʎ'ʎetto]
precio (m) del billete	**prezzo** (m) **del biglietto**	['prettso del biʎ'ʎetto]
cajero (m)	**cassiere** (m)	[kas'sjere]
control (m) de billetes	**controllo** (m) **dei biglietti**	[kon'trolio dei biʎ'ʎeti]
cobrador (m)	**bigliettaio** (m)	[biʎʎet'tajo]
llegar tarde (vi)	**essere in ritardo**	['essere in ri'tardo]
perder (~ el tren)	**perdere** (vt)	['perdere]
tener prisa	**avere fretta**	[a'vere 'fretta]
taxi (m)	**taxi** (m)	['taksi]
taxista (m)	**taxista** (m)	[ta'ksista]
en taxi	**in taxi**	[in 'taksi]
parada (f) de taxi	**parcheggio** (m) **di taxi**	[par'kedʒo di 'taksi]
llamar un taxi	**chiamare un taxi**	[kja'mare un 'taksi]
tomar un taxi	**prendere un taxi**	['prendere un 'taksi]
tráfico (m)	**traffico** (m)	['traffiko]
atasco (m)	**ingorgo** (m)	[in'gorgo]
horas (f pl) de punta	**ore** (f pl) **di punta**	['ore di 'punta]
aparcar (vi)	**parcheggiarsi** (vr)	[parke'dʒarsi]
aparcar (vt)	**parcheggiare** (vt)	[parke'dʒare]
aparcamiento (m)	**parcheggio** (m)	[par'kedʒo]
metro (m)	**metropolitana** (f)	[metropoli'tana]
estación (f)	**stazione** (f)	[sta'tsjone]
ir en el metro	**prendere la metropolitana**	['prendere la metropoli'tana]
tren (m)	**treno** (m)	['treno]
estación (f)	**stazione** (f) **ferroviaria**	[sta'tsjone ferro'vjaria]

57. La exploración del paisaje

monumento (m)	**monumento** (m)	[monu'mento]
fortaleza (f)	**fortezza** (f)	[for'tettsa]
palacio (m)	**palazzo** (m)	[pa'lattso]
castillo (m)	**castello** (m)	[ka'stello]
torre (f)	**torre** (f)	['torre]
mausoleo (m)	**mausoleo** (m)	[mauzo'leo]
arquitectura (f)	**architettura** (f)	[arkitet'tura]
medieval (adj)	**medievale**	[medje'vale]
antiguo (adj)	**antico**	[an'tiko]
nacional (adj)	**nazionale**	[natsio'nale]
conocido (adj)	**famoso**	[fa'mozo]
turista (m)	**turista** (m)	[tu'rista]
guía (m) (persona)	**guida** (f)	['gwida]

excursión (f)	**escursione** (f)	[eskur'sjone]
mostrar (vt)	**fare vedere**	['fare ve'dere]
contar (una historia)	**raccontare** (vt)	[rakkon'tare]
encontrar (hallar)	**trovare** (vt)	[tro'vare]
perderse (vr)	**perdersi** (vr)	['perdersi]
plano (m) (~ de metro)	**mappa** (f)	['mappa]
mapa (m) (~ de la ciudad)	**piantina** (f)	[pjan'tina]
recuerdo (m)	**souvenir** (m)	[suve'nir]
tienda (f) de regalos	**negozio** (m) **di articoli da regalo**	[ne'gotsio di ar'tikoli da re'galo]
hacer fotos	**fare foto**	['fare 'foto]
fotografiarse (vr)	**fotografarsi**	[fotogra'farsi]

58. Las compras

comprar (vt)	**comprare** (vt)	[kom'prare]
compra (f)	**acquisto** (m)	[a'kwisto]
hacer compras	**fare acquisti**	['fare a'kwisti]
compras (f pl)	**shopping** (m)	['ʃopping]
estar abierto (tienda)	**essere aperto**	['essere a'perto]
estar cerrado	**essere chiuso**	['essere 'kjuzo]
calzado (m)	**calzature** (f pl)	[kaltsa'ture]
ropa (f), vestido (m)	**abbigliamento** (m)	[abbiʎʎa'mento]
cosméticos (m pl)	**cosmetica** (f)	[ko'zmetika]
productos alimenticios	**alimentari** (m pl)	[alimen'tari]
regalo (m)	**regalo** (m)	[re'galo]
vendedor (m)	**commesso** (m)	[kom'messo]
vendedora (f)	**commessa** (f)	[kom'messa]
caja (f)	**cassa** (f)	['kassa]
espejo (m)	**specchio** (m)	['spekkio]
mostrador (m)	**banco** (m)	['banko]
probador (m)	**camerino** (m)	[kame'rino]
probar (un vestido)	**provare** (vt)	[pro'vare]
quedar (una ropa, etc.)	**stare bene**	['stare 'bene]
gustar (vi)	**piacere** (vi)	[pja'ʧere]
precio (m)	**prezzo** (m)	['prettso]
etiqueta (f) de precio	**etichetta** (f) **del prezzo**	[eti'ketta del 'prettso]
costar (vt)	**costare** (vt)	[ko'stare]
¿Cuánto?	**Quanto?**	['kwanto]
descuento (m)	**sconto** (m)	['skonto]
no costoso (adj)	**no muy caro**	[no muj 'karo]
barato (adj)	**a buon mercato**	[a bu'on mer'kato]
caro (adj)	**caro**	['karo]
Es caro	**È caro**	[e 'karo]
alquiler (m)	**noleggio** (m)	[no'leʤo]

alquilar (vt)	**noleggiare** (vt)	[nole'dʒare]
crédito (m)	**credito** (m)	['kredito]
a crédito (adv)	**a credito**	[a 'kredito]

59. El dinero

dinero (m)	**soldi** (m pl)	['soldi]
cambio (m)	**cambio** (m)	['kambio]
curso (m)	**corso** (m) **di cambio**	['korso di 'kambio]
cajero (m) automático	**bancomat** (m)	['bankomat]
moneda (f)	**moneta** (f)	[mo'neta]
dólar (m)	**dollaro** (m)	['dollaro]
euro (m)	**euro** (m)	['euro]
lira (f)	**lira** (f)	['lira]
marco (m) alemán	**marco** (m)	['marko]
franco (m)	**franco** (m)	['franko]
libra esterlina (f)	**sterlina** (f)	[ster'lina]
yen (m)	**yen** (m)	[jen]
deuda (f)	**debito** (m)	['debito]
deudor (m)	**debitore** (m)	[debi'tore]
prestar (vt)	**prestare** (vt)	[pre'stare]
tomar prestado	**prendere in prestito**	['prendere in 'prestito]
banco (m)	**banca** (f)	['banka]
cuenta (f)	**conto** (m)	['konto]
ingresar en la cuenta	**versare sul conto**	[ver'sare sul 'konto]
sacar de la cuenta	**prelevare dal conto**	[prele'vare dal 'konto]
tarjeta (f) de crédito	**carta** (f) **di credito**	['karta di 'kredito]
dinero (m) en efectivo	**contanti** (m pl)	[kon'tanti]
cheque (m)	**assegno** (m)	[as'seɲo]
sacar un cheque	**emettere un assegno**	[e'mettere un as'seɲo]
talonario (m)	**libretto** (m) **di assegni**	[li'bretto di as'seɲi]
cartera (f)	**portafoglio** (m)	[porta·'foʎʎo]
monedero (m)	**borsellino** (m)	[borsel'lino]
caja (f) fuerte	**cassaforte** (f)	[kassa'forte]
heredero (m)	**erede** (m)	[e'rede]
herencia (f)	**eredità** (f)	[eredi'ta]
fortuna (f)	**fortuna** (f)	[for'tuna]
arriendo (m)	**affitto** (m)	[af'fitto]
alquiler (m) (dinero)	**affitto** (m)	[af'fitto]
alquilar (~ una casa)	**affittare** (vt)	[affit'tare]
precio (m)	**prezzo** (m)	['prettso]
coste (m)	**costo** (m), **prezzo** (m)	['kosto], ['prettso]
suma (f)	**somma** (f)	['somma]
gastar (vt)	**spendere** (vt)	['spendere]
gastos (m pl)	**spese** (f pl)	['speze]

economizar (vi, vt)	**economizzare** (vi, vt)	[ekonomid'dzare]
económico (adj)	**economico**	[eko'nomiko]
pagar (vi, vt)	**pagare** (vi, vt)	[pa'gare]
pago (m)	**pagamento** (m)	[paga'mento]
cambio (m) (devolver el ~)	**resto** (m)	['resto]
impuesto (m)	**imposta** (f)	[im'posta]
multa (f)	**multa** (f), **ammenda** (f)	['multa], [am'menda]
multar (vt)	**multare** (vt)	[mul'tare]

60. La oficina de correos

oficina (f) de correos	**posta** (f), **ufficio** (m) **postale**	['posta], [uf'fiʧo po'stale]
correo (m) (cartas, etc.)	**posta** (f)	['posta]
cartero (m)	**postino** (m)	[po'stino]
horario (m) de apertura	**orario** (m) **di apertura**	[o'rario di aper'tura]
carta (f)	**lettera** (f)	['lettera]
carta (f) certificada	**raccomandata** (f)	[rakkoman'data]
tarjeta (f) postal	**cartolina** (f)	[karto'lina]
telegrama (m)	**telegramma** (m)	[tele'gramma]
paquete (m) postal	**pacco** (m) **postale**	['pakko po'stale]
giro (m) postal	**vaglia** (m) **postale**	['vaʎʎa po'stale]
recibir (vt)	**ricevere** (vt)	[ri'ʧevere]
enviar (vt)	**spedire** (vt)	[spe'dire]
envío (m)	**invio** (m)	[in'vio]
dirección (f)	**indirizzo** (m)	[indi'rittso]
código (m) postal	**codice** (m) **postale**	['koditʃe po'stale]
expedidor (m)	**mittente** (m)	[mit'tente]
destinatario (m)	**destinatario** (m)	[destina'tario]
nombre (m)	**nome** (m)	['nome]
apellido (m)	**cognome** (m)	[ko'ɲome]
tarifa (f)	**tariffa** (f)	[ta'riffa]
ordinario (adj)	**ordinario**	[ordi'nario]
económico (adj)	**standard**	['standar]
peso (m)	**peso** (m)	['pezo]
pesar (~ una carta)	**pesare** (vt)	[pe'zare]
sobre (m)	**busta** (f)	['busta]
sello (m)	**francobollo** (m)	[franko'bollo]

La vivienda. La casa. El hogar

61. La casa. La electricidad

electricidad (f)	**elettricità** (f)	[elettritʃi'ta]
bombilla (f)	**lampadina** (f)	[lampa'dina]
interruptor (m)	**interruttore** (m)	[interrut'tore]
fusible (m)	**fusibile** (m)	[fu'zibile]
hilo (m) (~ eléctrico)	**filo** (m)	['filo]
instalación (f) eléctrica	**impianto** (m) **elettrico**	[im'pjanto e'lettriko]
contador (m) de luz	**contatore** (m) **dell'elettricità**	[konta'tore dell elettritʃi'ta]
lectura (f) (~ del contador)	**lettura, indicazione** (f)	[let'tura], [indika'tsjone]

62. La villa. La mansión

casa (f) de campo	**casa** (f) **di campagna**	['kaza di kam'paɲa]
villa (f)	**villa** (f)	['villa]
ala (f)	**ala** (f)	['ala]
jardín (m)	**giardino** (m)	[dʒar'dino]
parque (m)	**parco** (m)	['parko]
invernadero (m) tropical	**serra** (f)	['serra]
cuidar (~ el jardín, etc.)	**prendersi cura di**	['prendersi 'kura di]
piscina (f)	**piscina** (f)	[pi'ʃina]
gimnasio (m)	**palestra** (f)	[pa'lestra]
cancha (f) de tenis	**campo** (m) **da tennis**	['kampo da 'tennis]
sala (f) de cine	**home cinema** (m)	['om 'tʃinema]
garaje (m)	**garage** (m)	[ga'raʒ]
propiedad (f) privada	**proprietà** (f) **privata**	[proprie'ta pri'vata]
terreno (m) privado	**terreno** (m) **privato**	[ter'reno pri'vato]
advertencia (f)	**avvertimento** (m)	[avverti'mento]
letrero (m) de aviso	**cartello** (m) **di avvertimento**	['kartello di avverti'mento]
seguridad (f)	**sicurezza** (f)	[siku'rettsa]
guardia (m) de seguridad	**guardia** (f) **giurata**	['gwardia dʒu'rata]
alarma (f) antirrobo	**allarme** (f) **antifurto**	[al'larme anti'furto]

63. El apartamento

apartamento (m)	**appartamento** (m)	[apparta'mento]
habitación (f)	**camera** (f), **stanza** (f)	['kamera], ['stantsa]
dormitorio (m)	**camera** (f) **da letto**	['kamera da 'letto]

comedor (m)	**sala** (f) **da pranzo**	['sala da 'prantso]
salón (m)	**salotto** (m)	[sa'lotto]
despacho (m)	**studio** (m)	['studio]
antecámara (f)	**ingresso** (m)	[in'gresso]
cuarto (m) de baño	**bagno** (m)	['baɲo]
servicio (m)	**gabinetto** (m)	[gabi'netto]
techo (m)	**soffitto** (m)	[sof'fitto]
suelo (m)	**pavimento** (m)	[pavi'mento]
rincón (m)	**angolo** (m)	['angolo]

64. Los muebles. El interior

muebles (m pl)	**mobili** (m pl)	['mobili]
mesa (f)	**tavolo** (m)	['tavolo]
silla (f)	**sedia** (f)	['sedia]
cama (f)	**letto** (m)	['letto]
sofá (m)	**divano** (m)	[di'vano]
sillón (m)	**poltrona** (f)	[pol'trona]
librería (f)	**libreria** (f)	[libre'ria]
estante (m)	**ripiano** (m)	[ri'pjano]
armario (m)	**armadio** (m)	[ar'madio]
percha (f)	**attaccapanni** (m) **da parete**	[attakka'panni da pa'rete]
perchero (m) de pie	**appendiabiti** (m) **da terra**	[apen'djabiti da terra]
cómoda (f)	**comò** (m)	[ko'mo]
mesa (f) de café	**tavolino** (m) **da salotto**	[tavo'lina da sa'lotto]
espejo (m)	**specchio** (m)	['spekkio]
tapiz (m)	**tappeto** (m)	[tap'peto]
alfombra (f)	**tappetino** (m)	[tappe'tino]
chimenea (f)	**camino** (m)	[ka'mino]
candela (f)	**candela** (f)	[kan'dela]
candelero (m)	**candeliere** (m)	[kande'ljere]
cortinas (f pl)	**tende** (f pl)	['tende]
empapelado (m)	**carta** (f) **da parati**	['karta da pa'rati]
estor (m) de láminas	**tende** (f pl) **alla veneziana**	['tende alla vene'tsjana]
lámpara (f) de mesa	**lampada** (f) **da tavolo**	['lampada da 'tavolo]
candil (m)	**lampada** (f) **da parete**	['lampada da pa'rete]
lámpara (f) de pie	**lampada** (f) **a stelo**	['lampada a 'stelo]
lámpara (f) de araña	**lampadario** (m)	[lampa'dario]
pata (f) (~ de la mesa)	**gamba** (f)	['gamba]
brazo (m)	**bracciolo** (m)	['bratʃolo]
espaldar (m)	**spalliera** (f)	[spal'ljera]
cajón (m)	**cassetto** (m)	[kas'setto]

65. Los accesorios de la cama

ropa (f) de cama	**biancheria** (f) **da letto**	[bjanke'ria da 'letto]
almohada (f)	**cuscino** (m)	[ku'ʃino]
funda (f)	**federa** (f)	['federa]
manta (f)	**coperta** (f)	[ko'perta]
sábana (f)	**lenzuolo** (m)	[lentsu'olo]
sobrecama (f)	**copriletto** (m)	[kopri'letto]

66. La cocina

cocina (f)	**cucina** (f)	[ku'ʧina]
gas (m)	**gas** (m)	[gas]
cocina (f) de gas	**fornello** (m) **a gas**	[for'nello a gas]
cocina (f) eléctrica	**fornello** (m) **elettrico**	[for'nello e'lettriko]
horno (m)	**forno** (m)	['forno]
horno (m) microondas	**forno** (m) **a microonde**	['forno a mikro'onde]
frigorífico (m)	**frigorifero** (m)	[frigo'rifero]
congelador (m)	**congelatore** (m)	[konʤela'tore]
lavavajillas (m)	**lavastoviglie** (f)	[lavasto'viʎʎe]
picadora (f) de carne	**tritacarne** (m)	[trita'karne]
exprimidor (m)	**spremifrutta** (m)	[spremi'frutta]
tostador (m)	**tostapane** (m)	[tosta'pane]
batidora (f)	**mixer** (m)	['mikser]
cafetera (f) (aparato de cocina)	**macchina** (f) **da caffè**	['makkina da kaf'fe]
cafetera (f) (para servir)	**caffettiera** (f)	[kaffet'tjera]
molinillo (m) de café	**macinacaffè** (m)	[maʧinakaf'fe]
hervidor (m) de agua	**bollitore** (m)	[bolli'tore]
tetera (f)	**teiera** (f)	[te'jera]
tapa (f)	**coperchio** (m)	[ko'perkio]
colador (m) de té	**colino** (m) **da tè**	[ko'lino da te]
cuchara (f)	**cucchiaio** (m)	[kuk'kjajo]
cucharilla (f)	**cucchiaino** (m) **da tè**	[kuk'kjajno da 'te]
cuchara (f) de sopa	**cucchiaio** (m)	[kuk'kjajo]
tenedor (m)	**forchetta** (f)	[for'ketta]
cuchillo (m)	**coltello** (m)	[kol'tello]
vajilla (f)	**stoviglie** (f pl)	[sto'viʎʎe]
plato (m)	**piatto** (m)	['pjatto]
platillo (m)	**piattino** (m)	[pjat'tino]
vaso (m) de chupito	**cicchetto** (m)	[ʧik'ketto]
vaso (m) (~ de agua)	**bicchiere** (m)	[bik'kjere]
taza (f)	**tazzina** (f)	[tat'tsina]
azucarera (f)	**zuccheriera** (f)	[ʣukke'rjera]
salero (m)	**saliera** (f)	[sa'ljera]
pimentero (m)	**pepiera** (f)	[pe'pjera]

mantequera (f)	**burriera** (f)	[bur'rjera]
cacerola (f)	**pentola** (f)	['pentola]
sartén (f)	**padella** (f)	[pa'della]
cucharón (m)	**mestolo** (m)	['mestolo]
colador (m)	**colapasta** (m)	[kola'pasta]
bandeja (f)	**vassoio** (m)	[vas'sojo]
botella (f)	**bottiglia** (f)	[bot'tiʎʎa]
tarro (m) de vidrio	**barattolo** (m) **di vetro**	[ba'rattolo di 'vetro]
lata (f) de hojalata	**latta** (f), **lattina** (f)	['latta], [lat'tina]
abrebotellas (m)	**apribottiglie** (m)	[apribot'tiʎʎe]
abrelatas (m)	**apriscatole** (m)	[apri'skatole]
sacacorchos (m)	**cavatappi** (m)	[kava'tappi]
filtro (m)	**filtro** (m)	['filtro]
filtrar (vt)	**filtrare** (vt)	[fil'trare]
basura (f)	**spazzatura** (f)	[spattsa'tura]
cubo (m) de basura	**pattumiera** (f)	[pattu'mjera]

67. El baño

cuarto (m) de baño	**bagno** (m)	['baɲo]
agua (f)	**acqua** (f)	['akwa]
grifo (m)	**rubinetto** (m)	[rubi'netto]
agua (f) caliente	**acqua** (f) **calda**	['akwa 'kalda]
agua (f) fría	**acqua** (f) **fredda**	['akwa 'fredda]
pasta (f) de dientes	**dentifricio** (m)	[denti'fritʃo]
limpiarse los dientes	**lavarsi i denti**	[la'varsi i 'denti]
cepillo (m) de dientes	**spazzolino** (m) **da denti**	[spatso'lino da 'denti]
afeitarse (vr)	**rasarsi** (vr)	[ra'zarsi]
espuma (f) de afeitar	**schiuma** (f) **da barba**	['skjuma da 'barba]
maquinilla (f) de afeitar	**rasoio** (m)	[ra'zojo]
lavar (vt)	**lavare** (vt)	[la'vare]
darse un baño	**fare un bagno**	['fare un 'baɲo]
ducha (f)	**doccia** (f)	['dotʃa]
darse una ducha	**fare una doccia**	['fare 'una 'dotʃa]
baño (m)	**vasca** (f) **da bagno**	['vaska da 'baɲo]
inodoro (m)	**water** (m)	['vater]
lavabo (m)	**lavandino** (m)	[lavan'dino]
jabón (m)	**sapone** (m)	[sa'pone]
jabonera (f)	**porta** (m) **sapone**	['porta sa'pone]
esponja (f)	**spugna** (f)	['spuɲa]
champú (m)	**shampoo** (m)	['ʃampo]
toalla (f)	**asciugamano** (m)	[aʃuga'mano]
bata (f) de baño	**accappatoio** (m)	[akkappa'tojo]
colada (f), lavado (m)	**bucato** (m)	[bu'kato]
lavadora (f)	**lavatrice** (f)	[lava'tritʃe]

lavar la ropa	**fare il bucato**	['fare il bu'kato]
detergente (m) en polvo	**detersivo** (m) **per il bucato**	[deter'sivo per il bu'kato]

68. Los aparatos domésticos

televisor (m)	**televisore** (m)	[televi'zore]
magnetófono (m)	**registratore** (m) **a nastro**	[redʒistra'tore a 'nastro]
vídeo (m)	**videoregistratore** (m)	[video·redʒistra'tore]
radio (f)	**radio** (f)	['radio]
reproductor (m) (~ MP3)	**lettore** (m)	[let'tore]
proyector (m) de vídeo	**videoproiettore** (m)	[video·projet'tore]
sistema (m) home cinema	**home cinema** (m)	['om 'tʃinema]
reproductor (m) de DVD	**lettore** (m) **DVD**	[let'tore divu'di]
amplificador (m)	**amplificatore** (m)	[amplifika'tore]
videoconsola (f)	**console** (f) **video giochi**	['konsole 'video 'dʒoki]
cámara (f) de vídeo	**videocamera** (f)	[video·'kamera]
cámara (f) fotográfica	**macchina** (f) **fotografica**	['makkina foto'grafika]
cámara (f) digital	**fotocamera** (f) **digitale**	[foto'kamera didʒi'tale]
aspirador (m)	**aspirapolvere** (m)	[aspira·'polvere]
plancha (f)	**ferro** (m) **da stiro**	['ferro da 'stiro]
tabla (f) de planchar	**asse** (f) **da stiro**	['asse da 'stiro]
teléfono (m)	**telefono** (m)	[te'lefono]
teléfono (m) móvil	**telefonino** (m)	[telefo'nino]
máquina (f) de escribir	**macchina** (f) **da scrivere**	['makkina da 'skrivere]
máquina (f) de coser	**macchina** (f) **da cucire**	['makkina da ku'tʃire]
micrófono (m)	**microfono** (m)	[mi'krofono]
auriculares (m pl)	**cuffia** (f)	['kuffia]
mando (m) a distancia	**telecomando** (m)	[teleko'mando]
CD (m)	**CD** (m)	[tʃi'di]
casete (m)	**cassetta** (f)	[kas'setta]
disco (m) de vinilo	**disco** (m)	['disko]

LAS ACTIVIDADES DE LA GENTE

El trabajo. Los negocios. Unidad 1

69. La oficina. El trabajo de oficina

oficina (f)	**ufficio** (m)	[uf'fitʃo]
despacho (m)	**ufficio** (m)	[uf'fitʃo]
recepción (f)	**portineria** (f)	[portine'ria]
secretario (m)	**segretario** (m)	[segre'tario]
secretaria (f)	**segretaria** (f)	[segre'taria]
director (m)	**direttore** (m)	[diret'tore]
manager (m)	**manager** (m)	['menedʒer]
contable (m)	**contabile** (m)	[kon'tabile]
colaborador (m)	**impiegato** (m)	[impje'gato]
muebles (m pl)	**mobili** (m pl)	['mobili]
escritorio (m)	**scrivania** (f)	[skriva'nia]
silla (f)	**poltrona** (f)	[pol'trona]
cajonera (f)	**cassettiera** (f)	[kasset'tjera]
perchero (m) de pie	**appendiabiti** (m) **da terra**	[apen'djabiti da terra]
ordenador (m)	**computer** (m)	[kom'pjuter]
impresora (f)	**stampante** (f)	[stam'pante]
fax (m)	**fax** (m)	[faks]
fotocopiadora (f)	**fotocopiatrice** (f)	[fotokopja'tritʃe]
papel (m)	**carta** (f)	['karta]
papelería (f)	**cancelleria** (f)	[kantʃelle'ria]
alfombrilla (f) para ratón	**tappetino** (m) **del mouse**	[tappe'tino del 'maus]
hoja (f) de papel	**foglio** (m)	['foʎʎo]
carpeta (f)	**cartella** (f)	[kar'tella]
catálogo (m)	**catalogo** (m)	[ka'talogo]
directorio (m) telefónico	**elenco** (m) **del telefono**	[e'lenko del te'lefono]
documentación (f)	**documentazione** (f)	[dokumenta'tsjone]
folleto (m)	**opuscolo** (m)	[o'puskolo]
prospecto (m)	**volantino** (m)	[volan'tino]
muestra (f)	**campione** (m)	[kam'pjone]
reunión (f) de formación	**formazione** (f)	[forma'tsjone]
reunión (f)	**riunione** (f)	[riu'njone]
pausa (f) de almuerzo	**pausa** (f) **pranzo**	['pauza 'prantso]
hacer una copia	**copiare** (vt)	[ko'pjare]
hacer copias	**fare copie**	['fare 'kopje]
recibir un fax	**ricevere un fax**	[ri'tʃevere un faks]
enviar un fax	**spedire un fax**	[spe'dire un faks]

llamar por teléfono	**telefonare** (vi, vt)	[telefo'nare]
responder (vi, vt)	**rispondere** (vi, vt)	[ris'pondere]
poner en comunicación	**passare** (vt)	[pas'sare]
fijar (~ una reunión)	**fissare** (vt)	[fis'sare]
demostrar (vt)	**dimostrare** (vt)	[dimo'strare]
estar ausente	**essere assente**	['essere as'sente]
ausencia (f)	**assenza** (f)	[as'sentsa]

70. Los métodos de los negocios. Unidad 1

ocupación (f)	**occupazione** (f)	[okkupa'tsjone]
firma (f)	**ditta** (f)	['ditta]
compañía (f)	**compagnia** (f)	[kompa'ɲia]
corporación (f)	**corporazione** (f)	[korpora'tsjone]
empresa (f)	**impresa** (f)	[im'preza]
agencia (f)	**agenzia** (f)	[adʒen'tsia]
acuerdo (m)	**accordo** (m)	[ak'kordo]
contrato (m)	**contratto** (m)	[kon'tratto]
trato (m), acuerdo (m)	**affare** (m)	[af'fare]
pedido (m)	**ordine** (m)	['ordine]
condición (f) del contrato	**termine** (m) **dell'accordo**	['termine dell ak'kordo]
al por mayor (adv)	**all'ingrosso**	[all in'grosso]
al por mayor (adj)	**all'ingrosso**	[all in'grosso]
venta (f) al por mayor	**vendita** (f) **all'ingrosso**	['vendita all in'grosso]
al por menor (adj)	**al dettaglio**	[al det'taʎʎo]
venta (f) al por menor	**vendita** (f) **al dettaglio**	['vendita al det'taʎʎo]
competidor (m)	**concorrente** (m)	[konkor'rente]
competencia (f)	**concorrenza** (f)	[konkor'rentsa]
competir (vi)	**competere** (vi)	[kom'petere]
socio (m)	**socio** (m), **partner** (m)	['sotʃo], ['partner]
sociedad (f)	**partenariato** (m)	[partena'rjato]
crisis (m)	**crisi** (f)	['krizi]
bancarrota (f)	**bancarotta** (f)	[banka'rotta]
ir a la bancarrota	**fallire** (vi)	[fal'lire]
dificultad (f)	**difficoltà** (f)	[diffikol'ta]
problema (m)	**problema** (m)	[pro'blema]
catástrofe (f)	**disastro** (m)	[di'zastro]
economía (f)	**economia** (f)	[ekono'mia]
económico (adj)	**economico**	[eko'nomiko]
recesión (f) económica	**recessione** (f) **economica**	[retʃes'sjone eko'nomika]
meta (f)	**scopo** (m), **obiettivo** (m)	['skopo], [objet'tivo]
objetivo (m)	**incarico** (m)	[in'kariko]
comerciar (vi)	**commerciare** (vi)	[kommer'tʃare]
red (f) (~ comercial)	**rete** (f)	['rete]
existencias (f pl)	**giacenza** (f)	[dʒia'tʃentsa]

surtido (m)	**assortimento** (m)	[assorti'mento]
líder (m)	**leader** (m), **capo** (m)	['lider], ['kapo]
grande (empresa ~)	**grande**	['grande]
monopolio (m)	**monopolio** (m)	[mono'polio]
teoría (f)	**teoria** (f)	[teo'ria]
práctica (f)	**pratica** (f)	['pratika]
experiencia (f)	**esperienza** (f)	[espe'rjentsa]
tendencia (f)	**tendenza** (f)	[ten'dentsa]
desarrollo (m)	**sviluppo** (m)	[zvi'luppo]

71. Los métodos de los negocios. Unidad 2

rentabilidad (f)	**profitto** (m)	[pro'fitto]
rentable (adj)	**profittevole**	[profit'tevole]
delegación (f)	**delegazione** (f)	[delega'tsjone]
salario (m)	**stipendio** (m)	[sti'pendio]
corregir (un error)	**correggere** (vt)	[kor'redʒere]
viaje (m) de negocios	**viaggio** (m) **d'affari**	['vjadʒo daf'fari]
comisión (f)	**commissione** (f)	[kommi'sjone]
controlar (vt)	**controllare** (vt)	[kontrol'lare]
conferencia (f)	**conferenza** (f)	[konfe'rentsa]
licencia (f)	**licenza** (f)	[li'tʃentsa]
fiable (socio ~)	**affidabile**	[affi'dabile]
iniciativa (f)	**iniziativa** (f)	[initsja'tiva]
norma (f)	**norma** (f)	['norma]
circunstancia (f)	**circostanza** (f)	[tʃirko'stantsa]
deber (m)	**mansione** (f)	[man'sjone]
empresa (f)	**impresa** (f)	[im'preza]
organización (f) (proceso)	**organizzazione** (f)	[organiddza'tsjone]
organizado (adj)	**organizzato**	[organid'dzato]
anulación (f)	**annullamento** (m)	[annulla'mento]
anular (vt)	**annullare** (vt)	[annul'lare]
informe (m)	**rapporto** (m)	[rap'porto]
patente (m)	**brevetto** (m)	[bre'vetto]
patentar (vt)	**brevettare** (vt)	[brevet'tare]
planear (vt)	**pianificare** (vt)	[pjanifi'kare]
premio (m)	**premio** (m)	['premio]
profesional (adj)	**professionale**	[professjo'nale]
procedimiento (m)	**procedura** (f)	[protʃe'dura]
examinar (vt)	**esaminare** (vt)	[ezami'nare]
cálculo (m)	**calcolo** (m)	['kalkolo]
reputación (f)	**reputazione** (f)	[reputa'tsjone]
riesgo (m)	**rischio** (m)	['riskio]
dirigir (administrar)	**dirigere** (vt)	[di'ridʒere]
información (f)	**informazioni** (f pl)	[informa'tsjoni]

propiedad (f)	**proprietà** (f)	[proprie'ta]
unión (f)	**unione** (f)	[uni'one]
seguro (m) de vida	**assicurazione** (f) **sulla vita**	[assikura'tsjone 'sulla 'vita]
asegurar (vt)	**assicurare** (vt)	[assiku'rare]
seguro (m)	**assicurazione** (f)	[assikura'tsjone]
subasta (f)	**asta** (f)	['asta]
notificar (informar)	**avvisare** (vt)	[avvi'zare]
gestión (f)	**gestione** (f)	[ʤes'tjone]
servicio (m)	**servizio** (m)	[ser'vitsio]
foro (m)	**forum** (m)	['forum]
funcionar (vi)	**funzionare** (vi)	[funtsjo'nare]
etapa (f)	**stadio** (m)	['stadio]
jurídico (servicios ~s)	**giuridico**	[ʤu'ridiko]
jurista (m)	**esperto** (m) **legale**	[e'sperto le'gale]

72. La producción. Los trabajos

planta (f)	**stabilimento** (m)	[stabili'mento]
fábrica (f)	**fabbrica** (f)	['fabbrika]
taller (m)	**officina** (f) **di produzione**	[offi'ʧina di produ'tsjone]
planta (f) de producción	**stabilimento** (m)	[stabili'mento]
industria (f)	**industria** (f)	[in'dustria]
industrial (adj)	**industriale**	[industri'ale]
industria (f) pesada	**industria** (f) **pesante**	[in'dustria pe'zante]
industria (f) ligera	**industria** (f) **leggera**	[in'dustria le'ʤera]
producción (f)	**prodotti** (m pl)	[pro'dotti]
producir (vt)	**produrre** (vt)	[pro'durre]
materias (f pl) primas	**materia** (f) **prima**	[ma'teria 'prima]
jefe (m) de brigada	**caposquadra** (m)	[kapo'skwadra]
brigada (f)	**squadra** (f)	['skwadra]
obrero (m)	**operaio** (m)	[ope'rajo]
día (m) de trabajo	**giorno** (m) **lavorativo**	['ʤorno lavora'tivo]
descanso (m)	**pausa** (f)	['pauza]
reunión (f)	**riunione** (f)	[riu'njone]
discutir (vt)	**discutere** (vt)	[di'skutere]
plan (m)	**piano** (m)	['pjano]
cumplir el plan	**eseguire il piano**	[eze'gwire il 'pjano]
tasa (f) de producción	**tasso** (m) **di produzione**	['tasso di produ'tsjone]
calidad (f)	**qualità** (f)	[kwali'ta]
revisión (f)	**controllo** (m)	[kon'trollo]
control (m) de calidad	**controllo** (m) **di qualità**	[kon'trollo di kwali'ta]
seguridad (f) de trabajo	**sicurezza** (f) **sul lavoro**	[siku'rettsa sul la'voro]
disciplina (f)	**disciplina** (f)	[diʃi'plina]
infracción (f)	**infrazione** (f)	[infra'tsjone]
violar (las reglas)	**violare** (vt)	[vio'lare]

huelga (f)	**sciopero** (m)	['ʃopero]
huelguista (m)	**scioperante** (m)	[ʃope'rante]
estar en huelga	**fare sciopero**	['fare 'ʃopero]
sindicato (m)	**sindacato** (m)	[sinda'kato]
inventar (máquina, etc.)	**inventare** (vt)	[inven'tare]
invención (f)	**invenzione** (f)	[inven'tsjone]
investigación (f)	**ricerca** (f)	[ri'tʃerka]
mejorar (vt)	**migliorare** (vt)	[miʎʎo'rare]
tecnología (f)	**tecnologia** (f)	[teknolo'dʒia]
dibujo (m) técnico	**disegno** (m) **tecnico**	[di'zeɲo 'tekniko]
cargamento (m)	**carico** (m)	['kariko]
cargador (m)	**caricatore** (m)	[karika'tore]
cargar (camión, etc.)	**caricare** (vt)	[kari'kare]
carga (f) (proceso)	**caricamento** (m)	[karika'mento]
descargar (vt)	**scaricare** (vt)	[skari'kare]
descarga (f)	**scarico** (m)	['skariko]
transporte (m)	**trasporto** (m)	[tras'porto]
compañía (f) de transporte	**società** (f) **di trasporti**	[sotʃe'ta di tras'porti]
transportar (vt)	**trasportare** (vt)	[traspor'tare]
vagón (m)	**vagone** (m) **merci**	[va'gone 'mertʃi]
cisterna (f)	**cisterna** (f)	[tʃi'sterna]
camión (m)	**camion** (m)	['kamjon]
máquina (f) herramienta	**macchina** (f) **utensile**	['makkina u'tensile]
mecanismo (m)	**meccanismo** (m)	[mekka'nizmo]
desperdicios (m pl)	**rifiuti** (m pl) **industriali**	[ri'fjuti industri'ali]
empaquetado (m)	**imballaggio** (m)	[imbal'ladʒo]
embalar (vt)	**imballare** (vt)	[imbal'lare]

73. El contrato. El acuerdo

contrato (m)	**contratto** (m)	[kon'tratto]
acuerdo (m)	**accordo** (m)	[ak'kordo]
anexo (m)	**allegato** (m)	[alle'gato]
firmar un contrato	**firmare un contratto**	[fir'mare un kon'tratto]
firma (f) (nombre)	**firma** (f)	['firma]
firmar (vt)	**firmare** (vt)	[fir'mare]
sello (m)	**timbro** (m)	['timbro]
objeto (m) del acuerdo	**oggetto** (m) **del contratto**	[o'dʒetto del kon'tratto]
cláusula (f)	**clausola** (f)	['klauzola]
partes (f pl)	**parti** (f pl)	['parti]
domicilio (m) legal	**sede** (f) **legale**	['sede le'gale]
violar el contrato	**sciogliere un contratto**	['ʃoʎʎere un kon'tratto]
obligación (f)	**obbligo** (m)	['obbligo]
responsabilidad (f)	**responsabilità** (f)	[responsabili'ta]
fuerza mayor (f)	**forza** (f) **maggiore**	['fortsa ma'dʒore]

disputa (f)	**discussione** (f)	[diskus'sjone]
penalidades (f pl)	**sanzioni** (f pl)	[san'tsjoni]

74. Importación y Exportación

importación (f)	**importazione** (f)	[importa'tsjone]
importador (m)	**importatore** (m)	[importa'tore]
importar (vt)	**importare** (vt)	[impor'tare]
de importación (adj)	**d'importazione**	[dimporta'tsjone]
exportación (f)	**esportazione** (f)	[esporta'tsjone]
exportador (m)	**esportatore** (m)	[esporta'tore]
exportar (vt)	**esportare** (vt)	[espor'tare]
de exportación (adj)	**d'esportazione**	[desporta'tsjone]
mercancía (f)	**merce** (f)	['mertʃe]
lote (m) de mercancías	**carico** (m)	['kariko]
peso (m)	**peso** (m)	['pezo]
volumen (m)	**volume** (m)	[vo'lume]
metro (m) cúbico	**metro** (m) **cubo**	['metro 'kubo]
productor (m)	**produttore** (m)	[produt'tore]
compañía (f) de transporte	**società** (f) **di trasporti**	[sotʃe'ta di tras'porti]
contenedor (m)	**container** (m)	[kon'tejner]
frontera (f)	**frontiera** (f)	[fron'tjera]
aduana (f)	**dogana** (f)	[do'gana]
derechos (m pl) arancelarios	**dazio** (m) **doganale**	['datsio doga'nale]
aduanero (m)	**doganiere** (m)	[doga'njere]
contrabandismo (m)	**contrabbando** (m)	[kontrab'bando]
contrabando (m)	**merci** (f pl) **contrabbandate**	['mertʃi kontrabban'date]

75. Las finanzas

acción (f)	**azione** (f)	[a'tsjone]
bono (m), obligación (f)	**obbligazione** (f)	[obbliga'tsjone]
letra (f) de cambio	**cambiale** (f)	[kam'bjale]
bolsa (f)	**borsa** (f)	['borsa]
cotización (f) de valores	**quotazione** (f)	[kwota'tsjone]
abaratarse (vr)	**diminuire di prezzo**	[diminu'ire di 'prettso]
encarecerse (vr)	**aumentare di prezzo**	[aumen'tare di 'prettso]
parte (f)	**quota** (f)	['kwota]
interés (m) mayoritario	**pacchetto** (m) **di maggioranza**	[pak'ketto di madʒo'rantsa]
inversiones (f pl)	**investimento** (m)	[investi'mento]
invertir (vi, vt)	**investire** (vt)	[inve'stire]
porcentaje (m)	**percento** (m)	[per'tʃento]

interés (m)	**interessi** (m pl)	[inte'ressi]
beneficio (m)	**profitto** (m)	[pro'fitto]
beneficioso (adj)	**redditizio**	[redi'titsio]
impuesto (m)	**imposta** (f)	[im'posta]
divisa (f)	**valuta** (f)	[va'luta]
nacional (adj)	**nazionale**	[natsio'nale]
cambio (m)	**cambio** (m)	['kambio]
contable (m)	**contabile** (m)	[kon'tabile]
contaduría (f)	**ufficio** (m) **contabilità**	[uf'fitʃo kontabili'ta]
bancarrota (f)	**bancarotta** (f)	[banka'rotta]
quiebra (f)	**fallimento** (m)	[falli'mento]
ruina (f)	**rovina** (f)	[ro'vina]
arruinarse (vr)	**andare in rovina**	[an'dare in ro'vina]
inflación (f)	**inflazione** (f)	[infla'tsjone]
devaluación (f)	**svalutazione** (f)	[zvaluta'tsjone]
capital (m)	**capitale** (m)	[kapi'tale]
ingresos (m pl)	**reddito** (m)	['reddito]
volumen (m) de negocio	**giro** (m) **di affari**	['dʒiro di af'fari]
recursos (m pl)	**risorse** (f pl)	[ri'sorse]
recursos (m pl) monetarios	**mezzi** (m pl) **finanziari**	['meddzi finan'tsjari]
gastos (m pl) accesorios	**spese** (f pl) **generali**	['speze dʒene'rali]
reducir (vt)	**ridurre** (vt)	[ri'durre]

76. La mercadotecnia

mercadotecnia (f)	**marketing** (m)	['marketing]
mercado (m)	**mercato** (m)	[mer'kato]
segmento (m) del mercado	**segmento** (m) **di mercato**	[seg'mento di mer'kato]
producto (m)	**prodotto** (m)	[pro'dotto]
mercancía (f)	**merce** (f)	['mertʃe]
marca (f)	**battaglia** (f)	[bat'taʎʎa]
marca (f) comercial	**marchio** (m) **di fabbrica**	['markio di 'fabbrika]
logotipo (m)	**logotipo** (m)	[logo'tipo]
logo (m)	**logo** (m)	[logo]
demanda (f)	**domanda** (f)	[do'manda]
oferta (f)	**offerta** (f)	[of'ferta]
necesidad (f)	**bisogno** (m)	[bi'zoɲo]
consumidor (m)	**consumatore** (m)	[konsuma'tore]
análisis (m)	**analisi** (f)	[a'nalizi]
analizar (vt)	**analizzare** (vt)	[analid'dzare]
posicionamiento (m)	**posizionamento** (m)	[pozitsjona'mento]
posicionar (vt)	**posizionare** (vt)	[pozitsjo'nare]
precio (m)	**prezzo** (m)	['prettso]
política (f) de precios	**politica** (f) **dei prezzi**	[po'litika 'dei 'prettsi]
formación (m) de precios	**determinazione** (f) **dei prezzi**	[determina'tsjone del 'prettsi]

77. La publicidad

publicidad (f)	**pubblicità** (f)	[pubblitʃi'ta]
publicitar (vt)	**pubblicizzare** (vt)	[pubblitʃid'dzare]
presupuesto (m)	**bilancio** (m)	[bi'lantʃo]
anuncio (m) publicitario	**annuncio** (m)	[an'nuntʃo]
publicidad (f) televisiva	**pubblicità** (f) **televisiva**	[pubblitʃi'ta televi'ziva]
publicidad (f) radiofónica	**pubblicità** (f) **radiofonica**	[pubblitʃi'ta radio'fonika]
publicidad (f) exterior	**pubblicità** (f) **esterna**	[pubblitʃi'ta es'terna]
medios (m pl) de comunicación de masas	**mass media** (m pl)	[mass 'media]
periódico (m)	**periodico** (m)	[pe'rjodiko]
imagen (f)	**immagine** (f)	[im'madʒine]
consigna (f)	**slogan** (m)	[zlogan]
divisa (f)	**motto** (m)	['motto]
campaña (f)	**campagna** (f)	[kam'paɲa]
campaña (f) publicitaria	**campagna** (f) **pubblicitaria**	[kam'paɲa pubblitʃi'taria]
auditorio (m) objetivo	**gruppo** (m) **di riferimento**	['gruppo de riferi'mento]
tarjeta (f) de visita	**biglietto** (m) **da visita**	[biʎ'ʎetto da 'vizita]
prospecto (m)	**volantino** (m)	[volan'tino]
folleto (m)	**opuscolo** (m)	[o'puskolo]
panfleto (m)	**pieghevole** (m)	[pje'gevole]
boletín (m)	**bollettino** (m)	[bollet'tino]
letrero (m) (~ luminoso)	**insegna** (f)	[in'seɲa]
pancarta (f)	**cartellone** (m)	[kartel'lone]
valla (f) publicitaria	**tabellone** (m) **pubblicitario**	[tabel'lone pubblitʃi'tario]

78. La banca

banco (m)	**banca** (f)	['banka]
sucursal (f)	**filiale** (f)	[fi'ljale]
asesor (m) (~ fiscal)	**consulente** (m)	[konsu'lente]
gerente (m)	**direttore** (m)	[diret'tore]
cuenta (f)	**conto** (m) **bancario**	['konto ban'kario]
numero (m) de la cuenta	**numero** (m) **del conto**	['numero del 'konto]
cuenta (f) corriente	**conto** (m) **corrente**	['konto kor'rente]
cuenta (f) de ahorros	**conto** (m) **di risparmio**	['konto di ris'parmio]
abrir una cuenta	**aprire un conto**	[a'prire un 'konto]
cerrar la cuenta	**chiudere il conto**	['kjudere il 'konto]
ingresar en la cuenta	**versare sul conto**	[ver'sare sul 'konto]
sacar de la cuenta	**prelevare dal conto**	[prele'vare dal 'konto]
depósito (m)	**deposito** (m)	[de'pozito]
hacer un depósito	**depositare** (vt)	[depozi'tare]

giro (m) bancario	**trasferimento** (m) **telegrafico**	[trasferi'mento tele'grafiko]
hacer un giro	**rimettere i soldi**	[ri'mettere i 'soldi]
suma (f)	**somma** (f)	['somma]
¿Cuánto?	**Quanto?**	['kwanto]
firma (f) (nombre)	**firma** (f)	['firma]
firmar (vt)	**firmare** (vt)	[fir'mare]
tarjeta (f) de crédito	**carta** (f) **di credito**	['karta di 'kredito]
código (m)	**codice** (m)	['koditʃe]
número (m) de tarjeta de crédito	**numero** (m) **della carta di credito**	['numero 'della 'karta di 'kredito]
cajero (m) automático	**bancomat** (m)	['bankomat]
cheque (m)	**assegno** (m)	[as'seɲo]
sacar un cheque	**emettere un assegno**	[e'mettere un as'seɲo]
talonario (m)	**libretto** (m) **di assegni**	[li'bretto di as'seɲi]
crédito (m)	**prestito** (m)	['prestito]
pedir el crédito	**fare domanda per un prestito**	['fare do'manda per un 'prestito]
obtener un crédito	**ottenere un prestito**	[otte'nere un 'prestito]
conceder un crédito	**concedere un prestito**	[kon'tʃedere un 'prestito]
garantía (f)	**garanzia** (f)	[garan'tsia]

79. El teléfono. Las conversaciones telefónicas

teléfono (m)	**telefono** (m)	[te'lefono]
teléfono (m) móvil	**telefonino** (m)	[telefo'nino]
contestador (m)	**segreteria** (f) **telefonica**	[segrete'ria tele'fonika]
llamar, telefonear	**telefonare** (vi, vt)	[telefo'nare]
llamada (f)	**chiamata** (f)	[kja'mata]
marcar un número	**comporre un numero**	[kom'porre un 'numero]
¿Sí?, ¿Dígame?	**Pronto!**	['pronto]
preguntar (vt)	**chiedere, domandare**	['kjedere], [doman'dare]
responder (vi, vt)	**rispondere** (vi, vt)	[ris'pondere]
oír (vt)	**udire, sentire** (vt)	[u'dire], [sen'tire]
bien (adv)	**bene**	['bene]
mal (adv)	**male**	['male]
ruidos (m pl)	**disturbi** (m pl)	[di'sturbi]
auricular (m)	**cornetta** (f)	[kor'netta]
descolgar (el teléfono)	**alzare la cornetta**	[al'tsare la kor'netta]
colgar el auricular	**riattaccare la cornetta**	[riattak'kare la kor'netta]
ocupado (adj)	**occupato**	[okku'pato]
sonar (teléfono)	**squillare** (vi)	[skwil'lare]
guía (f) de teléfonos	**elenco** (m) **telefonico**	[e'lenko tele'foniko]
local (adj)	**locale**	[lo'kale]
llamada (f) local	**chiamata** (f) **locale**	[kja'mata lo'kale]

de larga distancia	**interurbano**	[interur'bano]
llamada (f) de larga distancia	**chiamata** (f) **interurbana**	[kja'mata interur'bana]
internacional (adj)	**internazionale**	[internatsjo'nale]
llamada (f) internacional	**chiamata** (f) **internazionale**	[kja'mata internatsjo'nale]

80. El teléfono celular

teléfono (m) móvil	**telefonino** (m)	[telefo'nino]
pantalla (f)	**schermo** (m)	['skermo]
botón (m)	**tasto** (m)	['tasto]
tarjeta SIM (f)	**scheda SIM** (f)	['skeda 'sim]
pila (f)	**pila** (f)	['pila]
descargarse (vr)	**essere scarico**	['essere 'skariko]
cargador (m)	**caricabatteria** (m)	[karika·batte'ria]
menú (m)	**menù** (m)	[me'nu]
preferencias (f pl)	**impostazioni** (f pl)	[imposta'tsjoni]
melodía (f)	**melodia** (f)	[melo'dia]
seleccionar (vt)	**scegliere** (vt)	['ʃeʎʎere]
calculadora (f)	**calcolatrice** (f)	[kalkola'tritʃe]
contestador (m)	**segreteria** (f) **telefonica**	[segrete'ria tele'fonika]
despertador (m)	**sveglia** (f)	['zveʎʎa]
contactos (m pl)	**contatti** (m pl)	[kon'tatti]
mensaje (m) de texto	**messaggio** (m) **SMS**	[mes'sadʒo ese'mese]
abonado (m)	**abbonato** (m)	[abbo'nato]

81. Los artículos de escritorio

bolígrafo (m)	**penna** (f) **a sfera**	[penna a 'sfera]
pluma (f) estilográfica	**penna** (f) **stilografica**	['penna stilo'grafika]
lápiz (f)	**matita** (f)	[ma'tita]
marcador (m)	**evidenziatore** (m)	[evidentsja'tore]
rotulador (m)	**pennarello** (m)	[penna'rello]
bloc (m) de notas	**taccuino** (m)	[tak'kwino]
agenda (f)	**agenda** (f)	[a'dʒenda]
regla (f)	**righello** (m)	[ri'gello]
calculadora (f)	**calcolatrice** (f)	[kalkola'tritʃe]
goma (f) de borrar	**gomma** (f) **per cancellare**	['gomma per kantʃel'lare]
chincheta (f)	**puntina** (f)	[pun'tina]
clip (m)	**graffetta** (f)	[graf'fetta]
pegamento (m)	**colla** (f)	['kolla]
grapadora (f)	**pinzatrice** (f)	[pintsa'tritʃe]
perforador (m)	**perforatrice** (f)	[perfora'tritʃe]
sacapuntas (m)	**temperamatite** (m)	[temperama'tite]

82. Tipos de negocios

contabilidad (f)	**servizi** (m pl) **di contabilità**	[ser'vitsi di kontabili'ta]
publicidad (f)	**pubblicità** (f)	[pubbliʧi'ta]
agencia (f) de publicidad	**agenzia** (f) **pubblicitaria**	[adʒen'tsia pubbliʧi'taria]
climatizadores (m pl)	**condizionatori** (m pl) **d'aria**	[konditsjona'tori 'daria]
compañía (f) aérea	**compagnia** (f) **aerea**	[kompa'ɲia a'erea]
bebidas (f pl) alcohólicas	**bevande** (f pl) **alcoliche**	[be'vande al'kolike]
antigüedad (f)	**antiquariato** (m)	[antikwa'rjato]
galería (f) de arte	**galleria** (f) **d'arte**	[galle'ria 'darte]
servicios (m pl) de auditoría	**società** (f) **di revisione contabile**	[soʧe'ta di revi'zone kon'tabile]
negocio (m) bancario	**imprese** (f pl) **bancarie**	[im'preze ban'karie]
bar (m)	**bar** (m)	[bar]
salón (m) de belleza	**salone** (m) **di bellezza**	[sa'lone di bel'lettsa]
librería (f)	**libreria** (f)	[libre'ria]
fábrica (f) de cerveza	**birreria** (f)	[birre'ria]
centro (m) de negocios	**business centro** (m)	['biznes 'ʧentro]
escuela (f) de negocios	**scuola** (f) **di commercio**	['skwola di kom'merʧo]
casino (m)	**casinò** (m)	[kazi'no]
construcción (f)	**edilizia** (f)	[edi'litsia]
consultoría (f)	**consulenza** (f)	[konsu'lentsa]
estomatología (f)	**odontoiatria** (f)	[odontoja'tria]
diseño (m)	**design** (m)	[di'zajn]
farmacia (f)	**farmacia** (f)	[farma'ʧia]
tintorería (f)	**lavanderia** (f) **a secco**	[lavande'ria a 'sekko]
agencia (f) de empleo	**agenzia** (f) **di collocamento**	[adʒen'tsia di kolloka'mento]
servicios (m pl) financieros	**servizi** (m pl) **finanziari**	[ser'vitsi finan'tsjari]
productos alimenticios	**industria** (f) **alimentare**	[in'dustria alimen'tare]
funeraria (f)	**agenzia** (f) **di pompe funebri**	[adʒen'tsia di 'pompe 'funebri]
muebles (m pl)	**mobili** (m pl)	['mobili]
ropa (f), vestido (m)	**abbigliamento** (m)	[abbiʎʎa'mento]
hotel (m)	**albergo, hotel** (m)	[al'bergo], [o'tel]
helado (m)	**gelato** (m)	[dʒe'lato]
industria (f)	**industria** (f)	[in'dustria]
seguro (m)	**assicurazione** (f)	[assikura'tsjone]
internet (m), red (f)	**internet** (f)	['internet]
inversiones (f pl)	**investimenti** (m pl)	[investi'menti]
joyero (m)	**gioielliere** (m)	[dʒojel'ljere]
joyería (f)	**gioielli** (m pl)	[dʒo'jelli]
lavandería (f)	**lavanderia** (f)	[lavande'ria]
asesoría (f) jurídica	**consulente** (m) **legale**	[konsu'lente le'gale]
industria (f) ligera	**industria** (f) **leggera**	[in'dustria le'dʒera]
revista (f)	**rivista** (f)	[ri'vista]
venta (f) por catálogo	**vendite** (f pl) **per corrispondenza**	['vendite per korrispon'dentsa]
medicina (f)	**medicina** (f)	[medi'ʧina]

cine (m) (iremos al ~)	**cinema** (m)	['ʧinema]
museo (m)	**museo** (m)	[mu'zeo]
agencia (f) de información	**agenzia** (f) **di stampa**	[aʤen'tsia di 'stampa]
periódico (m)	**giornale** (m)	[ʤor'nale]
club (m) nocturno	**locale notturno** (m)	[lo'kale not'turno]
petróleo (m)	**petrolio** (m)	[pe'trolio]
servicio (m) de entrega	**corriere** (m) **espresso**	[kor'rjere e'spresso]
industria (f) farmacéutica	**farmaci** (m pl)	['farmaʧi]
poligrafía (f)	**stampa** (f)	['stampa]
editorial (f)	**casa** (f) **editrice**	['kaza edi'triʧe]
radio (f)	**radio** (f)	['radio]
inmueble (m)	**beni** (m pl) **immobili**	['beni im'mobili]
restaurante (m)	**ristorante** (m)	[risto'rante]
agencia (f) de seguridad	**agenzia** (f) **di sicurezza**	[aʤen'tsia di siku'rettsa]
deporte (m)	**sport** (m)	[sport]
bolsa (f) de comercio	**borsa** (f)	['borsa]
tienda (f)	**negozio** (m)	[ne'gotsio]
supermercado (m)	**supermercato** (m)	[supermer'kato]
piscina (f)	**piscina** (f)	[pi'ʃina]
taller (m)	**sartoria** (f)	[sarto'ria]
televisión (f)	**televisione** (f)	[televi'zjone]
teatro (m)	**teatro** (m)	[te'atro]
comercio (m)	**commercio** (m)	[kom'merʧo]
servicios de transporte	**mezzi** (m pl) **di trasporto**	['meddzi di tras'porto]
turismo (m)	**viaggio** (m)	['vjaʤo]
veterinario (m)	**veterinario** (m)	[veteri'nario]
almacén (m)	**deposito, magazzino** (m)	[de'pozito], [magad'dzino]
recojo (m) de basura	**trattamento** (m) **dei rifiuti**	[tratta'mento dei ri'fjuti]

El trabajo. Los negocios. Unidad 2

83. El espectáculo. La exhibición

exposición, feria (f)	**fiera** (f)	['fjera]
feria (f) comercial	**fiera** (f) **campionaria**	['fjera kampjo'naria]
participación (f)	**partecipazione** (f)	[partetʃipa'tsjone]
participar (vi)	**partecipare** (vi)	[partetʃi'pare]
participante (m)	**partecipante** (m)	[partetʃi'pante]
director (m)	**direttore** (m)	[diret'tore]
dirección (f)	**ufficio** (m) **organizzativo**	[uf'fitʃo organiddza'tivo]
organizador (m)	**organizzatore** (m)	[organiddza'tore]
organizar (vt)	**organizzare** (vt)	[organid'dzare]
solicitud (f) de participación	**domanda** (f) **di partecipazione**	[do'manda di partetʃipa'tsjone]
rellenar (vt)	**riempire** (vt)	[riem'pire]
detalles (m pl)	**dettagli** (m pl)	[det'taʎʎi]
información (f)	**informazione** (f)	[informa'tsjone]
precio (m)	**prezzo** (m)	['prettso]
incluso	**incluso**	[in'kluzo]
incluir (vt)	**includere** (vt)	[in'kludere]
pagar (vi, vt)	**pagare** (vi, vt)	[pa'gare]
cuota (f) de registro	**quota** (f) **d'iscrizione**	['kwota diskri'tsjone]
entrada (f)	**entrata** (f)	[en'trata]
pabellón (m)	**padiglione** (m)	[padiʎ'ʎone]
registrar (vt)	**registrare** (vt)	[redʒi'strare]
tarjeta (f) de identificación	**tesserino** (m)	[tesse'rino]
stand (m)	**stand** (m)	[stend]
reservar (vt)	**prenotare, riservare**	[preno'tare], [rizer'vare]
vitrina (f)	**vetrina** (f)	[ve'trina]
lámpara (f)	**faretto** (m)	[fa'retto]
diseño (m)	**design** (m)	[di'zajn]
poner (colocar)	**collocare** (vt)	[kollo'kare]
situarse (vr)	**collocarsi** (vr)	[kollo'karsi]
distribuidor (m)	**distributore** (m)	[distribu'tore]
proveedor (m)	**fornitore** (m)	[forni'tore]
suministrar (vt)	**fornire** (vt)	[for'nire]
país (m)	**paese** (m)	[pa'eze]
extranjero (adj)	**straniero**	[stra'njero]
producto (m)	**prodotto** (m)	[pro'dotto]
asociación (f)	**associazione** (f)	[assotʃa'tsjone]

sala (f) de conferencias	**sala** (f) **conferenze**	['sala konfe'rentse]
congreso (m)	**congresso** (m)	[kon'gresso]
concurso (m)	**concorso** (m)	[kon'korso]
visitante (m)	**visitatore** (m)	[vizita'tore]
visitar (vt)	**visitare** (vt)	[vizi'tare]
cliente (m)	**cliente** (m)	[kli'ente]

84. La ciencia. La investigación. Los científicos

ciencia (f)	**scienza** (f)	[ʃi'entsa]
científico (adj)	**scientifico**	[ʃien'tifiko]
científico (m)	**scienziato** (m)	[ʃien'tsjato]
teoría (f)	**teoria** (f)	[teo'ria]
axioma (m)	**assioma** (m)	[as'sjoma]
análisis (m)	**analisi** (f)	[a'nalizi]
analizar (vt)	**analizzare** (vt)	[analid'dzare]
argumento (m)	**argomento** (m)	[argo'mento]
sustancia (f) (materia)	**sostanza** (f)	[so'stantsa]
hipótesis (f)	**ipotesi** (f)	[i'potezi]
dilema (m)	**dilemma** (m)	[di'lemma]
tesis (f) de grado	**tesi** (f)	['tezi]
dogma (m)	**dogma** (m)	['dogma]
doctrina (f)	**dottrina** (f)	[dot'trina]
investigación (f)	**ricerca** (f)	[ri'tʃerka]
investigar (vt)	**fare ricerche**	['fare ri'tʃerke]
prueba (f)	**prova** (f)	['prova]
laboratorio (m)	**laboratorio** (m)	[labora'torio]
método (m)	**metodo** (m)	['metodo]
molécula (f)	**molecola** (f)	[mo'lekola]
seguimiento (m)	**monitoraggio** (m)	[monito'radʒo]
descubrimiento (m)	**scoperta** (f)	[sko'perta]
postulado (m)	**postulato** (m)	[postu'lato]
principio (m)	**principio** (m)	[prin'tʃipjo]
pronóstico (m)	**previsione** (f)	[previ'zjone]
pronosticar (vt)	**fare previsioni**	[fare previ'zjoni]
síntesis (f)	**sintesi** (f)	['sintezi]
tendencia (f)	**tendenza** (f)	[ten'dentsa]
teorema (m)	**teorema** (m)	[teo'rema]
enseñanzas (f pl)	**insegnamento** (m)	[inseɲa'mento]
hecho (m)	**fatto** (m)	['fatto]
expedición (f)	**spedizione** (f)	[spedi'tsjone]
experimento (m)	**esperimento** (m)	[esperi'mento]
académico (m)	**accademico** (m)	[akka'demiko]
bachiller (m)	**laureato** (m)	[laure'ato]
doctorado (m)	**dottore** (m)	[dot'tore]

docente (m)	**professore** (m) **associato**	[profes'sore assoʧi'ato]
Master (m) (~ en Letras)	**Master** (m)	['master]
profesor (m)	**professore** (m)	[profes'sore]

Las profesiones y los oficios

85. La búsqueda de trabajo. El despido del trabajo

trabajo (m)	**lavoro** (m)	[la'voro]
empleados (pl)	**organico** (m)	[or'ganiko]
personal (m)	**personale** (m)	[perso'nale]
carrera (f)	**carriera** (f)	[kar'rjera]
perspectiva (f)	**prospettiva** (f)	[prospet'tiva]
maestría (f)	**abilità** (f pl)	[abili'ta]
selección (f)	**selezione** (f)	[sele'tsjone]
agencia (f) de empleo	**agenzia** (f) **di collocamento**	[adʒen'tsia di kolloka'mento]
curriculum vitae (m)	**curriculum vitae** (f)	[kur'rikulum 'vite]
entrevista (f)	**colloquio** (m)	[kol'lokwio]
vacancia (f)	**posto** (m) **vacante**	['posto va'kante]
salario (m)	**salario** (m)	[sa'lario]
salario (m) fijo	**stipendio** (m) **fisso**	[sti'pendio 'fisso]
remuneración (f)	**compenso** (m)	[kom'penso]
puesto (m) (trabajo)	**carica** (f)	['karika]
deber (m)	**mansione** (f)	[man'sjone]
gama (f) de deberes	**mansioni** (f pl) **di lavoro**	[man'sjoni di la'voro]
ocupado (adj)	**occupato**	[okku'pato]
despedir (vt)	**licenziare** (vt)	[litʃen'tsjare]
despido (m)	**licenziamento** (m)	[litʃentsja'mento]
desempleo (m)	**disoccupazione** (f)	[disokkupa'tsjone]
desempleado (m)	**disoccupato** (m)	[disokku'pato]
jubilación (f)	**pensionamento** (m)	[pensjona'mento]
jubilarse	**andare in pensione**	[an'dare in pen'sjone]

86. Los negociantes

director (m)	**direttore** (m)	[diret'tore]
gerente (m)	**dirigente** (m)	[diri'dʒente]
jefe (m)	**capo** (m)	['kapo]
superior (m)	**capo** (m), **superiore** (m)	['kapo], [supe'rjore]
superiores (m pl)	**capi** (m pl)	['kapi]
presidente (m)	**presidente** (m)	[prezi'dente]
presidente (m) (de compañía)	**presidente** (m)	[prezi'dente]
adjunto (m)	**vice** (m)	['vitʃe]
asistente (m)	**assistente** (m)	[assi'stente]

secretario, -a (m, f)	**segretario** (m)	[segre'tario]
secretario (m) particular	**assistente** (m) **personale**	[assi'stente perso'nale]
hombre (m) de negocios	**uomo** (m) **d'affari**	[u'omo daf'fari]
emprendedor (m)	**imprenditore** (m)	[imprendi'tore]
fundador (m)	**fondatore** (m)	[fonda'tore]
fundar (vt)	**fondare** (vt)	[fon'dare]
institutor (m)	**socio** (m)	['sotʃo]
compañero (m)	**partner** (m)	['partner]
accionista (m)	**azionista** (m)	[atsio'nista]
millonario (m)	**milionario** (m)	[miljo'nario]
multimillonario (m)	**miliardario** (m)	[miljar'dario]
propietario (m)	**proprietario** (m)	[proprie'tario]
terrateniente (m)	**latifondista** (m)	[latifon'dista]
cliente (m)	**cliente** (m)	[kli'ente]
cliente (m) habitual	**cliente** (m) **abituale**	[kli'ente abitu'ale]
comprador (m)	**compratore** (m)	[kompra'tore]
visitante (m)	**visitatore** (m)	[vizita'tore]
profesional (m)	**professionista** (m)	[professjo'nista]
experto (m)	**esperto** (m)	[e'sperto]
especialista (m)	**specialista** (m)	[spetʃa'lista]
banquero (m)	**banchiere** (m)	[baŋ'kjere]
broker (m)	**broker** (m)	['broker]
cajero (m)	**cassiere** (m)	[kas'sjere]
contable (m)	**contabile** (m)	[kon'tabile]
guardia (m) de seguridad	**guardia** (f) **giurata**	['gwardia dʒu'rata]
inversionista (m)	**investitore** (m)	[investi'tore]
deudor (m)	**debitore** (m)	[debi'tore]
acreedor (m)	**creditore** (m)	[kredi'tore]
prestatario (m)	**mutuatario** (m)	[mutua'tario]
importador (m)	**importatore** (m)	[importa'tore]
exportador (m)	**esportatore** (m)	[esporta'tore]
productor (m)	**produttore** (m)	[produt'tore]
distribuidor (m)	**distributore** (m)	[distribu'tore]
intermediario (m)	**intermediario** (m)	[interme'djario]
asesor (m) (~ fiscal)	**consulente** (m)	[konsu'lente]
representante (m)	**rappresentante** (m)	[rapprezen'tante]
agente (m)	**agente** (m)	[a'dʒente]
agente (m) de seguros	**assicuratore** (m)	[assikura'tore]

87. Los trabajos de servicio

cocinero (m)	**cuoco** (m)	[ku'oko]
jefe (m) de cocina	**capocuoco** (m)	[kapo·ku'oko]

panadero (m)	**fornaio** (m)	[for'najo]
barman (m)	**barista** (m)	[ba'rista]
camarero (m)	**cameriere** (m)	[kame'rjere]
camarera (f)	**cameriera** (f)	[kame'rjera]
abogado (m)	**avvocato** (m)	[avvo'kato]
jurista (m)	**esperto** (m) **legale**	[e'sperto le'gale]
notario (m)	**notaio** (m)	[no'tajo]
electricista (m)	**elettricista** (m)	[elettri'ʧista]
fontanero (m)	**idraulico** (m)	[i'drauliko]
carpintero (m)	**falegname** (m)	[fale'ɲame]
masajista (m)	**massaggiatore** (m)	[massaʤa'tore]
masajista (f)	**massaggiatrice** (f)	[massaʤa'triʧe]
médico (m)	**medico** (m)	['mediko]
taxista (m)	**taxista** (m)	[ta'ksista]
chófer (m)	**autista** (m)	[au'tista]
repartidor (m)	**fattorino** (m)	[fatto'rino]
camarera (f)	**cameriera** (f)	[kame'rjera]
guardia (m) de seguridad	**guardia** (f) **giurata**	['gwardia ʤu'rata]
azafata (f)	**hostess** (f)	['ostess]
profesor (m) (~ de baile, etc.)	**insegnante** (m, f)	[inse'ɲante]
bibliotecario (m)	**bibliotecario** (m)	[bibliote'kario]
traductor (m)	**traduttore** (m)	[tradut'tore]
intérprete (m)	**interprete** (m)	[in'terprete]
guía (m)	**guida** (f)	['gwida]
peluquero (m)	**parrucchiere** (m)	[parruk'kjere]
cartero (m)	**postino** (m)	[po'stino]
vendedor (m)	**commesso** (m)	[kom'messo]
jardinero (m)	**giardiniere** (m)	[ʤardi'njere]
servidor (m)	**domestico** (m)	[do'mestiko]
criada (f)	**domestica** (f)	[do'mestika]
mujer (f) de la limpieza	**donna** (f) **delle pulizie**	['donna 'delle puli'tsie]

88. La profesión militar y los rangos

soldado (m) raso	**soldato** (m) **semplice**	[sol'dato 'sempliʧe]
sargento (m)	**sergente** (m)	[ser'ʤente]
teniente (m)	**tenente** (m)	[te'nente]
capitán (m)	**capitano** (m)	[kapi'tano]
mayor (m)	**maggiore** (m)	[ma'ʤore]
coronel (m)	**colonnello** (m)	[kolon'nello]
general (m)	**generale** (m)	[ʤene'rale]
mariscal (m)	**maresciallo** (m)	[mare'ʃallo]
almirante (m)	**ammiraglio** (m)	[ammi'raʎʎo]
militar (m)	**militare** (m)	[mili'tare]
soldado (m)	**soldato** (m)	[sol'dato]

oficial (m)	**ufficiale** (m)	[uffi'ʧale]
comandante (m)	**comandante** (m)	[koman'dante]
guardafronteras (m)	**guardia** (f) **di frontiera**	['gwardia di fron'tjera]
radio-operador (m)	**marconista** (m)	[marko'nista]
explorador (m)	**esploratore** (m)	[esplora'tore]
zapador (m)	**geniere** (m)	[ʤe'njere]
tirador (m)	**tiratore** (m)	[tira'tore]
navegador (m)	**navigatore** (m)	[naviga'tore]

89. Los oficiales. Los sacerdotes

rey (m)	**re** (m)	[re]
reina (f)	**regina** (f)	[re'ʤina]
príncipe (m)	**principe** (m)	['prinʧipe]
princesa (f)	**principessa** (f)	[prinʧi'pessa]
zar (m)	**zar** (m)	[tsar]
zarina (f)	**zarina** (f)	[tsa'rina]
presidente (m)	**presidente** (m)	[prezi'dente]
ministro (m)	**ministro** (m)	[mi'nistro]
primer ministro (m)	**primo ministro** (m)	['primo mi'nistro]
senador (m)	**senatore** (m)	[sena'tore]
diplomático (m)	**diplomatico** (m)	[diplo'matiko]
cónsul (m)	**console** (m)	['konsole]
embajador (m)	**ambasciatore** (m)	[ambaʃa'tore]
consejero (m)	**consigliere** (m)	[konsiʎ'ʎere]
funcionario (m)	**funzionario** (m)	[funtsio'nario]
prefecto (m)	**prefetto** (m)	[pre'fetto]
alcalde (m)	**sindaco** (m)	['sindako]
juez (m)	**giudice** (m)	['ʤuditʃe]
fiscal (m)	**procuratore** (m)	[prokura'tore]
misionero (m)	**missionario** (m)	[missio'nario]
monje (m)	**monaco** (m)	['monako]
abad (m)	**abate** (m)	[a'bate]
rabino (m)	**rabbino** (m)	[rab'bino]
visir (m)	**visir** (m)	[vi'zir]
sha (m), shah (m)	**scià** (m)	['ʃa]
jeque (m)	**sceicco** (m)	[ʃe'ikko]

90. Las profesiones agrícolas

apicultor (m)	**apicoltore** (m)	[apikol'tore]
pastor (m)	**pastore** (m)	[pa'store]
agrónomo (m)	**agronomo** (m)	[a'gronomo]

ganadero (m)	**allevatore** (m) **di bestiame**	[alleva'tore di bes'tjame]
veterinario (m)	**veterinario** (m)	[veteri'nario]
granjero (m)	**fattore** (m)	[fat'tore]
vinicultor (m)	**vinificatore** (m)	[vinifika'tore]
zoólogo (m)	**zoologo** (m)	[dzo'ologo]
cowboy (m)	**cowboy** (m)	[kaw'boj]

91. Las profesiones artísticas

actor (m)	**attore** (m)	[at'tore]
actriz (f)	**attrice** (f)	[at'tritʃe]
cantante (m)	**cantante** (m)	[kan'tante]
cantante (f)	**cantante** (f)	[kan'tante]
bailarín (m)	**danzatore** (m)	[dantsa'tore]
bailarina (f)	**ballerina** (f)	[balle'rina]
artista (m)	**artista** (m)	[ar'tista]
artista (f)	**artista** (f)	[ar'tista]
músico (m)	**musicista** (m)	[muzi'tʃista]
pianista (m)	**pianista** (m)	[pia'nista]
guitarrista (m)	**chitarrista** (m)	[kitar'rista]
director (m) de orquesta	**direttore** (m) **d'orchestra**	[diret'tore dor'kestra]
compositor (m)	**compositore** (m)	[kompozi'tore]
empresario (m)	**impresario** (m)	[impre'zario]
director (m) de cine	**regista** (m)	[re'dʒista]
productor (m)	**produttore** (m)	[produt'tore]
guionista (m)	**sceneggiatore** (m)	[ʃenedʒa'tore]
crítico (m)	**critico** (m)	['kritiko]
escritor (m)	**scrittore** (m)	[skrit'tore]
poeta (m)	**poeta** (m)	[po'eta]
escultor (m)	**scultore** (m)	[skul'tore]
pintor (m)	**pittore** (m)	[pit'tore]
malabarista (m)	**giocoliere** (m)	[dʒoko'ljere]
payaso (m)	**pagliaccio** (m)	[paʎ'ʎatʃo]
acróbata (m)	**acrobata** (m)	[a'krobata]
ilusionista (m)	**prestigiatore** (m)	[prestidʒa'tore]

92. Profesiones diversas

médico (m)	**medico** (m)	['mediko]
enfermera (f)	**infermiera** (f)	[infer'mjera]
psiquiatra (m)	**psichiatra** (m)	[psiki'atra]
estomatólogo (m)	**dentista** (m)	[den'tista]
cirujano (m)	**chirurgo** (m)	[ki'rurgo]

astronauta (m)	**astronauta** (m)	[astro'nauta]
astrónomo (m)	**astronomo** (m)	[a'stronomo]
conductor (m) (chófer)	**autista** (m)	[au'tista]
maquinista (m)	**macchinista** (m)	[makki'nista]
mecánico (m)	**meccanico** (m)	[mek'kaniko]
minero (m)	**minatore** (m)	[mina'tore]
obrero (m)	**operaio** (m)	[ope'rajo]
cerrajero (m)	**operaio** (m) **metallurgico**	[ope'rajo metal'lurdʒiko]
carpintero (m)	**falegname** (m)	[fale'ɲame]
tornero (m)	**tornitore** (m)	[torni'tore]
albañil (m)	**operaio** (m) **edile**	[ope'rajo e'dile]
soldador (m)	**saldatore** (m)	[salda'tore]
profesor (m) (título)	**professore** (m)	[profes'sore]
arquitecto (m)	**architetto** (m)	[arki'tetto]
historiador (m)	**storico** (m)	['storiko]
científico (m)	**scienziato** (m)	[ʃien'tsjato]
físico (m)	**fisico** (m)	['fiziko]
químico (m)	**chimico** (m)	['kimiko]
arqueólogo (m)	**archeologo** (m)	[arke'ologo]
geólogo (m)	**geologo** (m)	[dʒe'ologo]
investigador (m)	**ricercatore** (m)	[ritʃerka'tore]
niñera (f)	**baby-sitter** (f)	[bebi'siter]
pedagogo (m)	**insegnante** (m, f)	[inse'ɲante]
redactor (m)	**redattore** (m)	[redat'tore]
redactor jefe (m)	**redattore capo** (m)	[redat'tore 'kapo]
corresponsal (m)	**corrispondente** (m)	[korrispon'dente]
mecanógrafa (f)	**dattilografa** (f)	[datti'lografa]
diseñador (m)	**designer** (m)	[di'zajner]
especialista (m) en ordenadores	**esperto** (m) **informatico**	[e'sperto infor'matiko]
programador (m)	**programmatore** (m)	[programma'tore]
ingeniero (m)	**ingegnere** (m)	[indʒe'ɲere]
marino (m)	**marittimo** (m)	[ma'rittimo]
marinero (m)	**marinaio** (m)	[mari'najo]
socorrista (m)	**soccorritore** (m)	[sokkorri'tore]
bombero (m)	**pompiere** (m)	[pom'pjere]
policía (m)	**poliziotto** (m)	[poli'tsjotto]
vigilante (m) nocturno	**guardiano** (m)	[gwar'djano]
detective (m)	**detective** (m)	[de'tektiv]
aduanero (m)	**doganiere** (m)	[doga'njere]
guardaespaldas (m)	**guardia** (f) **del corpo**	['gwardia del 'korpo]
guardia (m) de prisiones	**guardia** (f) **carceraria**	['gwardia kartʃe'raria]
inspector (m)	**ispettore** (m)	[ispet'tore]
deportista (m)	**sportivo** (m)	[spor'tivo]
entrenador (m)	**allenatore** (m)	[allena'tore]

carnicero (m)	**macellaio** (m)	[matʃel'lajo]
zapatero (m)	**calzolaio** (m)	[kaltso'lajo]
comerciante (m)	**uomo** (m) **d'affari**	[u'omo daf'fari]
cargador (m)	**caricatore** (m)	[karika'tore]
diseñador (m) de modas	**stilista** (m)	[sti'lista]
modelo (f)	**modella** (f)	[mo'della]

93. Los trabajos. El estatus social

escolar (m)	**scolaro** (m)	[sko'laro]
estudiante (m)	**studente** (m)	[stu'dente]
filósofo (m)	**filosofo** (m)	[fi'lozofo]
economista (m)	**economista** (m)	[ekono'mista]
inventor (m)	**inventore** (m)	[inven'tore]
desempleado (m)	**disoccupato** (m)	[disokku'pato]
jubilado (m)	**pensionato** (m)	[pensjo'nato]
espía (m)	**spia** (f)	['spia]
prisionero (m)	**detenuto** (m)	[dete'nuto]
huelguista (m)	**scioperante** (m)	[ʃope'rante]
burócrata (m)	**burocrate** (m)	[bu'rokrate]
viajero (m)	**viaggiatore** (m)	[vjadʒa'tore]
homosexual (m)	**omosessuale** (m)	[omosessu'ale]
hacker (m)	**hacker** (m)	['aker]
hippie (m)	**hippy**	['ippi]
bandido (m)	**bandito** (m)	[ban'dito]
sicario (m)	**sicario** (m)	[si'kario]
drogadicto (m)	**drogato** (m)	[dro'gato]
narcotraficante (m)	**trafficante** (m) **di droga**	[traffi'kante di 'droga]
prostituta (f)	**prostituta** (f)	[prosti'tuta]
chulo (m), proxeneta (m)	**magnaccia** (m)	[ma'ɲatʃa]
brujo (m)	**stregone** (m)	[stre'gone]
bruja (f)	**strega** (f)	['strega]
pirata (m)	**pirata** (m)	[pi'rata]
esclavo (m)	**schiavo** (m)	['skjavo]
samurai (m)	**samurai** (m)	[samu'raj]
salvaje (m)	**selvaggio** (m)	[sel'vadʒo]

La educación

94. La escuela

escuela (f)	**scuola** (f)	['skwola]
director (m) de escuela	**direttore** (m) **di scuola**	[diret'tore di 'skwola]
alumno (m)	**allievo** (m)	[al'ljevo]
alumna (f)	**allieva** (f)	[al'ljeva]
escolar (m)	**scolaro** (m)	[sko'laro]
escolar (f)	**scolara** (f)	[sko'lara]
enseñar (vt)	**insegnare**	[inse'ɲare]
aprender (ingles, etc.)	**imparare** (vt)	[impa'rare]
aprender de memoria	**imparare a memoria**	[impa'rare a me'moria]
aprender (a leer, etc.)	**studiare** (vi)	[stu'djare]
estar en la escuela	**frequentare la scuola**	[frekwen'tare la 'skwola]
ir a la escuela	**andare a scuola**	[an'dare a 'skwola]
alfabeto (m)	**alfabeto** (m)	[alfa'beto]
materia (f)	**materia** (f)	[ma'teria]
clase (f), aula (f)	**classe** (f)	['klasse]
lección (f)	**lezione** (f)	[le'tsjone]
recreo (m)	**ricreazione** (f)	[rikrea'tsjone]
campana (f)	**campanella** (f)	[kampa'nella]
pupitre (m)	**banco** (m)	['banko]
pizarra (f)	**lavagna** (f)	[la'vaɲa]
nota (f)	**voto** (m)	['voto]
buena nota (f)	**voto** (m) **alto**	['voto 'alto]
mala nota (f)	**voto** (m) **basso**	['voto 'basso]
poner una nota	**dare un voto**	['dare un 'voto]
falta (f)	**errore** (m)	[er'rore]
hacer faltas	**fare errori**	['fare er'rori]
corregir (un error)	**correggere** (vt)	[kor'redʒere]
chuleta (f)	**bigliettino** (m)	[biʎʎet'tino]
deberes (m pl) de casa	**compiti** (m pl)	['kompiti]
ejercicio (m)	**esercizio** (m)	[ezer'tʃitsio]
estar presente	**essere presente**	['essere pre'zente]
estar ausente	**essere assente**	['essere as'sente]
faltar a las clases	**mancare le lezioni**	[man'kare le le'tsjoni]
castigar (vt)	**punire** (vt)	[pu'nire]
castigo (m)	**punizione** (f)	[puni'tsjone]
conducta (f)	**comportamento** (m)	[komporta'mento]

libreta (f) de notas	**pagella** (f)	[pa'ʤella]
lápiz (f)	**matita** (f)	[ma'tita]
goma (f) de borrar	**gomma** (f) **per cancellare**	['gomma per kanʧel'lare]
tiza (f)	**gesso** (m)	['ʤesso]
cartuchera (f)	**astuccio** (m) **portamatite**	[as'tuʧo portama'tite]
mochila (f)	**cartella** (f)	[kar'tella]
bolígrafo (m)	**penna** (f)	['penna]
cuaderno (m)	**quaderno** (m)	[kwa'derno]
manual (m)	**manuale** (m)	[manu'ale]
compás (m)	**compasso** (m)	[kom'passo]
trazar (vi, vt)	**disegnare** (vt)	[dize'ɲare]
dibujo (m) técnico	**disegno** (m) **tecnico**	[di'zeɲo 'tekniko]
poema (m), poesía (f)	**poesia** (f)	[poe'zia]
de memoria (adv)	**a memoria**	[a me'moria]
aprender de memoria	**imparare a memoria**	[impa'rare a me'moria]
vacaciones (f pl)	**vacanze** (f pl) **scolastiche**	[va'kantse sko'lastike]
estar de vacaciones	**essere in vacanza**	['essere in va'kantsa]
pasar las vacaciones	**passare le vacanze**	[pas'sare le va'kantse]
prueba (f) escrita	**prova** (f) **scritta**	['prova 'skritta]
composición (f)	**composizione** (f)	[kompozi'tsjone]
dictado (m)	**dettato** (m)	[det'tato]
examen (m)	**esame** (m)	[e'zame]
hacer un examen	**sostenere un esame**	[soste'neme un e'zame]
experimento (m)	**esperimento** (m)	[esperi'mento]

95. Los institutos. La Universidad

academia (f)	**accademia** (f)	[akka'demia]
universidad (f)	**universitá** (f)	[universi'ta]
facultad (f)	**facoltá** (f)	[fakol'ta]
estudiante (m)	**studente** (m)	[stu'dente]
estudiante (f)	**studentessa** (f)	[studen'tessa]
profesor (m)	**docente** (m, f)	[do'ʧente]
aula (f)	**aula** (f)	['aula]
graduado (m)	**diplomato** (m)	[diplo'mato]
diploma (m)	**diploma** (m)	[di'ploma]
tesis (f) de grado	**tesi** (f)	['tezi]
estudio (m)	**ricerca** (f)	[ri'ʧerka]
laboratorio (m)	**laboratorio** (m)	[labora'torio]
clase (f)	**lezione** (f)	[le'tsjone]
compañero (m) de curso	**compagno** (m) **di corso**	[kom'paɲo di 'korso]
beca (f)	**borsa** (f) **di studio**	['borsa di 'studio]
grado (m) académico	**titolo** (m) **accademico**	['titolo akka'demiko]

96. Las ciencias. Las disciplinas

matemáticas (f pl)	**matematica** (f)	[mate'matika]
álgebra (f)	**algebra** (f)	['alʤebra]
geometría (f)	**geometria** (f)	[ʤeome'tria]
astronomía (f)	**astronomia** (f)	[astrono'mia]
biología (f)	**biologia** (f)	[biolo'ʤia]
geografía (f)	**geografia** (f)	[ʤeogra'fia]
geología (f)	**geologia** (f)	[ʤeolo'ʤia]
historia (f)	**storia** (f)	['storia]
medicina (f)	**medicina** (f)	[medi'ʧina]
pedagogía (f)	**pedagogia** (f)	[pedago'ʤia]
derecho (m)	**diritto** (m)	[di'ritto]
física (f)	**fisica** (f)	['fizika]
química (f)	**chimica** (f)	['kimika]
filosofía (f)	**filosofia** (f)	[filozo'fia]
psicología (f)	**psicologia** (f)	[psikolo'ʤia]

97. Los sistemas de escritura. La ortografía

gramática (f)	**grammatica** (f)	[gram'matika]
vocabulario (m)	**lessico** (m)	['lessiko]
fonética (f)	**fonetica** (f)	[fo'netika]
sustantivo (m)	**sostantivo** (m)	[sostan'tivo]
adjetivo (m)	**aggettivo** (m)	[adʤet'tivo]
verbo (m)	**verbo** (m)	['verbo]
adverbio (m)	**avverbio** (m)	[av'verbio]
pronombre (m)	**pronome** (m)	[pro'nome]
interjección (f)	**interiezione** (f)	[interje'tsjone]
preposición (f)	**preposizione** (f)	[prepozi'tsjone]
raíz (f), radical (m)	**radice** (f)	[ra'diʧe]
desinencia (f)	**desinenza** (f)	[dezi'nentsa]
prefijo (m)	**prefisso** (m)	[pre'fisso]
sílaba (f)	**sillaba** (f)	['sillaba]
sufijo (m)	**suffisso** (m)	[suf'fisso]
acento (m)	**accento** (m)	[a'ʧento]
apóstrofo (m)	**apostrofo** (m)	[a'postrofo]
punto (m)	**punto** (m)	['punto]
coma (f)	**virgola** (f)	['virgola]
punto y coma	**punto** (m) **e virgola**	['punto e 'virgola]
dos puntos (m pl)	**due punti**	['due 'punti]
puntos (m pl) suspensivos	**puntini** (m pl) **di sospensione**	[pun'tini di sospen'sjone]
signo (m) de interrogación	**punto** (m) **interrogativo**	['punto interroga'tivo]
signo (m) de admiración	**punto** (m) **esclamativo**	['punto esklama'tivo]

comillas (f pl)	**virgolette** (f pl)	[virgo'lette]
entre comillas	**tra virgolette**	[tra virgo'lette]
paréntesis (m)	**parentesi** (f pl)	[pa'rentezi]
entre paréntesis	**tra parentesi**	[tra pa'rentezi]
guión (m)	**trattino** (m)	[trat'tino]
raya (f)	**lineetta** (f)	[line'etta]
blanco (m)	**spazio** (m)	['spatsio]
letra (f)	**lettera** (f)	['lettera]
letra (f) mayúscula	**lettera** (f) **maiuscola**	['lettera ma'juskola]
vocal (f)	**vocale** (f)	[vo'kale]
consonante (m)	**consonante** (f)	[konso'nante]
oración (f)	**proposizione** (f)	[propozi'tsjone]
sujeto (m)	**soggetto** (m)	[so'dʒetto]
predicado (m)	**predicato** (m)	[predi'kato]
línea (f)	**riga** (f)	['riga]
en una nueva línea	**a capo**	[a 'kapo]
párrafo (m)	**capoverso** (m)	[kapo'verso]
palabra (f)	**parola** (f)	[pa'rola]
combinación (f) de palabras	**gruppo** (m) **di parole**	['gruppo di pa'role]
expresión (f)	**espressione** (f)	[espres'sjone]
sinónimo (m)	**sinonimo** (m)	[si'nonimo]
antónimo (m)	**antonimo** (m)	[an'tonimo]
regla (f)	**regola** (f)	['regola]
excepción (f)	**eccezione** (f)	[etʃe'tsjone]
correcto (adj)	**corretto**	[kor'retto]
conjugación (f)	**coniugazione** (f)	[konjuga'tsjone]
declinación (f)	**declinazione** (f)	[deklina'tsjone]
caso (m)	**caso** (m) **nominativo**	['kazo nomina'tivo]
pregunta (f)	**domanda** (f)	[do'manda]
subrayar (vt)	**sottolineare** (vt)	[sottoline'are]
línea (f) de puntos	**linea** (f) **tratteggiata**	['linea tratte'dʒata]

98. Los idiomas extranjeros

lengua (f)	**lingua** (f)	['lingua]
extranjero (adj)	**straniero**	[stra'njero]
lengua (f) extranjera	**lingua** (f) **straniera**	['lingua stra'njera]
estudiar (vt)	**studiare** (vt)	[stu'djare]
aprender (ingles, etc.)	**imparare** (vt)	[impa'rare]
leer (vi, vt)	**leggere** (vi, vt)	['ledʒere]
hablar (vi, vt)	**parlare** (vi, vt)	[par'lare]
comprender (vt)	**capire** (vt)	[ka'pire]
escribir (vt)	**scrivere** (vi, vt)	['skrivere]
rápidamente (adv)	**rapidamente**	[rapida'mente]
lentamente (adv)	**lentamente**	[lenta'mente]

con fluidez (adv)	**correntemente**	[korrente'mente]
reglas (f pl)	**regole** (f pl)	['regole]
gramática (f)	**grammatica** (f)	[gram'matika]
vocabulario (m)	**lessico** (m)	['lessiko]
fonética (f)	**fonetica** (f)	[fo'netika]
manual (m)	**manuale** (m)	[manu'ale]
diccionario (m)	**dizionario** (m)	[ditsjo'nario]
manual (m) autodidáctico	**manuale** (m) **autodidattico**	[manu'ale autodi'dattiko]
guía (f) de conversación	**frasario** (m)	[fra'zario]
casete (m)	**cassetta** (f)	[kas'setta]
videocasete (f)	**videocassetta** (f)	[video·kas'setta]
CD (m)	**CD** (m)	[ʧi'di]
DVD (m)	**DVD** (m)	[divu'di]
alfabeto (m)	**alfabeto** (m)	[alfa'beto]
deletrear (vt)	**compitare** (vt)	[kompi'tare]
pronunciación (f)	**pronuncia** (f)	[pro'nunʧa]
acento (m)	**accento** (m)	[a'ʧento]
con acento	**con un accento**	[kon un a'ʧento]
sin acento	**senza accento**	['sentsa a'ʧento]
palabra (f)	**vocabolo** (m)	[vo'kabolo]
significado (m)	**significato** (m)	[siɲifi'kato]
cursos (m pl)	**corso** (m)	['korso]
inscribirse (vr)	**iscriversi** (vr)	[is'kriversi]
profesor (m) (~ de inglés)	**insegnante** (m, f)	[inse'ɲante]
traducción (f) (proceso)	**traduzione** (f)	[tradu'tsjone]
traducción (f) (texto)	**traduzione** (f)	[tradu'tsjone]
traductor (m)	**traduttore** (m)	[tradut'tore]
intérprete (m)	**interprete** (m)	[in'terprete]
políglota (m)	**poliglotta** (m)	[poli'glotta]
memoria (f)	**memoria** (f)	[me'moria]

Los restaurantes. El entretenimiento. El viaje

99. El viaje. Viajar

turismo (m)	**turismo** (m)	[tu'rizmo]
turista (m)	**turista** (m)	[tu'rista]
viaje (m)	**viaggio** (m)	['vjadʒo]
aventura (f)	**avventura** (f)	[avven'tura]
viaje (m)	**viaggio** (m)	['vjadʒo]
vacaciones (f pl)	**vacanza** (f)	[va'kantsa]
estar de vacaciones	**essere in vacanza**	['essere in va'kantsa]
descanso (m)	**riposo** (m)	[ri'pozo]
tren (m)	**treno** (m)	['treno]
en tren	**in treno**	[in 'treno]
avión (m)	**aereo** (m)	[a'ereo]
en avión	**in aereo**	[in a'ereo]
en coche	**in macchina**	[in 'makkina]
en barco	**in nave**	[in 'nave]
equipaje (m)	**bagaglio** (m)	[ba'gaʎʎo]
maleta (f)	**valigia** (f)	[va'lidʒa]
carrito (m) de equipaje	**carrello** (m)	[kar'rello]
pasaporte (m)	**passaporto** (m)	[passa'porto]
visado (m)	**visto** (m)	['visto]
billete (m)	**biglietto** (m)	[biʎ'ʎetto]
billete (m) de avión	**biglietto** (m) **aereo**	[biʎ'ʎetto a'ereo]
guía (f) (libro)	**guida** (f)	['gwida]
mapa (m)	**carta** (f) **geografica**	['karta dʒeo'grafika]
área (m) (~ rural)	**località** (f)	[lokali'ta]
lugar (m)	**luogo** (m)	[lu'ogo]
exotismo (m)	**ogetti** (m pl) **esotici**	[o'dʒetti e'zotitʃi]
exótico (adj)	**esotico**	[e'zotiko]
asombroso (adj)	**sorprendente**	[sorpren'dente]
grupo (m)	**gruppo** (m)	['gruppo]
excursión (f)	**escursione** (f)	[eskur'sjone]
guía (m) (persona)	**guida** (f)	['gwida]

100. El hotel

hotel (m)	**albergo, hotel** (m)	[al'bergo], [o'tel]
motel (m)	**motel** (m)	[mo'tel]
de tres estrellas	**tre stelle**	[tre 'stelle]

de cinco estrellas	**cinque stelle**	['ʧinkwe 'stelle]
hospedarse (vr)	**alloggiare** (vi)	[allo'ʤare]
habitación (f)	**camera** (f)	['kamera]
habitación (f) individual	**camera** (f) **singola**	['kamera 'singola]
habitación (f) doble	**camera** (f) **doppia**	['kamera 'doppia]
reservar una habitación	**prenotare una camera**	[preno'tare 'una 'kamera]
media pensión (f)	**mezza pensione** (f)	['meddza pen'sjone]
pensión (f) completa	**pensione** (f) **completa**	[pen'sjone kom'pleta]
con baño	**con bagno**	[kon 'baɲo]
con ducha	**con doccia**	[kon 'doʧa]
televisión (f) satélite	**televisione** (f) **satellitare**	[televi'zjone satelli'tare]
climatizador (m)	**condizionatore** (m)	[konditsiona'tore]
toalla (f)	**asciugamano** (m)	[aʃuga'mano]
llave (f)	**chiave** (f)	['kjave]
administrador (m)	**amministratore** (m)	[amministra'tore]
camarera (f)	**cameriera** (f)	[kame'rjera]
maletero (m)	**portabagagli** (m)	[porta·ba'gaʎʎi]
portero (m)	**portiere** (m)	[por'tjere]
restaurante (m)	**ristorante** (m)	[risto'rante]
bar (m)	**bar** (m)	[bar]
desayuno (m)	**colazione** (f)	[kola'tsjone]
cena (f)	**cena** (f)	['ʧena]
buffet (m) libre	**buffet** (m)	[buf'fe]
vestíbulo (m)	**hall** (f)	[oll]
ascensor (m)	**ascensore** (m)	[aʃen'sore]
NO MOLESTAR	**NON DISTURBARE**	[non distur'bare]
PROHIBIDO FUMAR	**VIETATO FUMARE!**	[vje'tato fu'mare]

EL EQUIPO TÉCNICO. EL TRANSPORTE

El equipo técnico

101. El computador

ordenador (m)	**computer** (m)	[kom'pjuter]
ordenador (m) portátil	**computer** (m) **portatile**	[kom'pjuter por'tatile]
encender (vt)	**accendere** (vt)	[a'tʃendere]
apagar (vt)	**spegnere** (vt)	['speɲere]
teclado (m)	**tastiera** (f)	[tas'tjera]
tecla (f)	**tasto** (m)	['tasto]
ratón (m)	**mouse** (m)	['maus]
alfombrilla (f) para ratón	**tappetino** (m) **del mouse**	[tappe'tino del 'maus]
botón (m)	**tasto** (m)	['tasto]
cursor (m)	**cursore** (m)	[kur'sore]
monitor (m)	**monitor** (m)	['monitor]
pantalla (f)	**schermo** (m)	['skermo]
disco (m) duro	**disco** (m) **rigido**	['disko 'ridʒido]
volumen (m) de disco duro	**spazio** (m) **sul disco rigido**	['spatsio sul 'disko 'ridʒido]
memoria (f)	**memoria** (f)	[me'moria]
memoria (f) operativa	**memoria** (f) **operativa**	[me'moria opera'tiva]
archivo, fichero (m)	**file** (m)	[fajl]
carpeta (f)	**cartella** (f)	[kar'tella]
abrir (vt)	**aprire** (vt)	[a'prire]
cerrar (vt)	**chiudere** (vt)	['kjudere]
guardar (un archivo)	**salvare** (vt)	[sal'vare]
borrar (vt)	**eliminare** (vt)	[elimi'nare]
copiar (vt)	**copiare** (vt)	[ko'pjare]
ordenar (vt) (~ de A a Z, etc.)	**ordinare** (vt)	[ordi'nare]
copiar (vt)	**trasferire** (vt)	[trasfe'rire]
programa (m)	**programma** (m)	[pro'gramma]
software (m)	**software** (m)	['softwea]
programador (m)	**programmatore** (m)	[programma'tore]
programar (vt)	**programmare** (vt)	[program'mare]
hacker (m)	**hacker** (m)	['aker]
contraseña (f)	**password** (f)	['password]
virus (m)	**virus** (m)	['virus]
detectar (vt)	**trovare** (vt)	[tro'vare]
octeto (m)	**byte** (m)	[bajt]

megaocteto (m)	**megabyte** (m)	['megabajt]
datos (m pl)	**dati** (m pl)	['dati]
base (f) de datos	**database** (m)	['databejz]
cable (m)	**cavo** (m)	['kavo]
desconectar (vt)	**sconnettere** (vt)	[skon'nettere]
conectar (vt)	**collegare** (vt)	[kolle'gare]

102. El internet. El correo electrónico

internet (m), red (f)	**internet** (f)	['internet]
navegador (m)	**navigatore** (m)	[naviga'tore]
buscador (m)	**motore** (m) **di ricerca**	[mo'tore di ri'ʧerka]
proveedor (m)	**provider** (m)	[pro'vajder]
webmaster (m)	**webmaster** (m)	web'master]
sitio (m) web	**sito web** (m)	['sito web]
página (f) web	**pagina web** (f)	['paʤina web]
dirección (f)	**indirizzo** (m)	[indi'rittso]
libro (m) de direcciones	**rubrica** (f) **indirizzi**	[ru'brika indi'rittsi]
buzón (m)	**casella** (f) **di posta**	[ka'zella di 'posta]
correo (m)	**posta** (f)	['posta]
lleno (adj)	**battaglia** (f)	[bat'taʎʎa]
mensaje (m)	**messaggio** (m)	[mes'saʤo]
correo (m) entrante	**messaggi** (m pl) **in arrivo**	[mes'saʤi in ar'rivo]
correo (m) saliente	**messaggi** (m pl) **in uscita**	[mes'saʤo in u'ʃita]
expedidor (m)	**mittente** (m)	[mit'tente]
enviar (vt)	**inviare** (vt)	[in'vjare]
envío (m)	**invio** (m)	[in'vio]
destinatario (m)	**destinatario** (m)	[destina'tario]
recibir (vt)	**ricevere** (vt)	[ri'ʧevere]
correspondencia (f)	**corrispondenza** (f)	[korrispon'dentsa]
escribirse con ...	**essere in corrispondenza**	['essere in korrispon'dentsa]
archivo, fichero (m)	**file** (m)	[fajl]
descargar (vt)	**scaricare** (vt)	[skari'kare]
crear (vt)	**creare** (vt)	[kre'are]
borrar (vt)	**eliminare** (vt)	[elimi'nare]
borrado (adj)	**eliminato**	[elimi'nato]
conexión (f) (ADSL, etc.)	**connessione** (f)	[konne'sjone]
velocidad (f)	**velocità** (f)	[veloʧi'ta]
módem (m)	**modem** (m)	['modem]
acceso (m)	**accesso** (m)	[a'ʧesso]
puerto (m)	**porta** (f)	['porta]
conexión (f) (establecer la ~)	**collegamento** (m)	[kollega'mento]
conectarse a ...	**collegarsi a ...**	[kolle'garsi a]
seleccionar (vt)	**scegliere** (vt)	['ʃeʎʎere]
buscar (vt)	**cercare** (vt)	[ʧer'kare]

103. La electricidad

electricidad (f)	**elettricità** (f)	[elettritʃi'ta]
eléctrico (adj)	**elettrico**	[e'lettriko]
central (f) eléctrica	**centrale** (f) **elettrica**	[tʃen'trale e'lettrika]
energía (f)	**energia** (f)	[ener'dʒia]
energía (f) eléctrica	**energia** (f) **elettrica**	[ener'dʒia e'lettrika]
bombilla (f)	**lampadina** (f)	[lampa'dina]
linterna (f)	**torcia** (f) **elettrica**	['tortʃa e'lettrika]
farola (f)	**lampione** (m)	[lam'pjone]
luz (f)	**luce** (f)	['lutʃe]
encender (vt)	**accendere** (vt)	[a'tʃendere]
apagar (vt)	**spegnere** (vt)	['speɲere]
apagar la luz	**spegnere la luce**	['speɲere la 'lutʃe]
quemarse (vr)	**fulminarsi** (vr)	[fulmi'narsi]
circuito (m) corto	**corto circuito** (m)	['korto tʃir'kwito]
ruptura (f)	**rottura** (f)	[rot'tura]
contacto (m)	**contatto** (m)	[kon'tatto]
interruptor (m)	**interruttore** (m)	[interrut'tore]
enchufe (m)	**presa** (f) **elettrica**	['preza e'lettrika]
clavija (f)	**spina** (f)	['spina]
alargador (m)	**prolunga** (f)	[pro'lunga]
fusible (m)	**fusibile** (m)	[fu'zibile]
hilo (m)	**filo** (m)	['filo]
instalación (f) eléctrica	**impianto** (m) **elettrico**	[im'pjanto e'lettriko]
amperio (m)	**ampere** (m)	[am'pere]
amperaje (m)	**intensità di corrente**	[intensi'ta di kor'rente]
voltio (m)	**volt** (m)	[volt]
voltaje (m)	**tensione** (f)	[ten'sjone]
aparato (m) eléctrico	**apparecchio** (m) **elettrico**	[appa'rekkjo e'lettriko]
indicador (m)	**indicatore** (m)	[indika'tore]
electricista (m)	**elettricista** (m)	[elettri'tʃista]
soldar (vt)	**saldare** (vt)	[sal'dare]
soldador (m)	**saldatoio** (m)	[salda'tojo]
corriente (f)	**corrente** (f)	[kor'rente]

104. Las herramientas

instrumento (m)	**utensile** (m)	[uten'sile]
instrumentos (m pl)	**utensili** (m pl)	[uten'sili]
maquinaria (f)	**impianto** (m)	[im'pjanto]
martillo (m)	**martello** (m)	[mar'tello]
destornillador (m)	**giravite** (m)	[dʒira'vite]
hacha (f)	**ascia** (f)	['aʃa]

sierra (f)	**sega** (f)	['sega]
serrar (vt)	**segare** (vt)	[se'gare]
cepillo (m)	**pialla** (f)	['pjalla]
cepillar (vt)	**piallare** (vt)	[pjal'lare]
soldador (m)	**saldatoio** (m)	[salda'tojo]
soldar (vt)	**saldare** (vt)	[sal'dare]
lima (f)	**lima** (f)	['lima]
tenazas (f pl)	**tenaglie** (f pl)	[te'naʎʎe]
alicates (m pl)	**pinza** (f) **a punte piatte**	['pintsa a 'punte 'pjatte]
escoplo (m)	**scalpello** (m)	[skal'pello]
broca (f)	**punta** (f) **da trapano**	['punta da 'trapano]
taladro (m)	**trapano** (m) **elettrico**	['trapano e'lettriko]
taladrar (vi, vt)	**trapanare** (vt)	[trapa'nare]
cuchillo (m)	**coltello** (m)	[kol'tello]
navaja (f)	**coltello** (m) **da tasca**	[kol'tello da 'taska]
filo (m)	**lama** (f)	['lama]
agudo (adj)	**affilato**	[affi'lato]
embotado (adj)	**smussato**	[zmu'sato]
embotarse (vr)	**smussarsi** (vr)	[zmus'sarsi]
afilar (vt)	**affilare** (vt)	[affi'lare]
perno (m)	**bullone** (m)	[bul'lone]
tuerca (f)	**dado** (m)	['dado]
filete (m)	**filettatura** (f)	[filetta'tura]
tornillo (m)	**vite** (f)	['vite]
clavo (m)	**chiodo** (m)	[ki'odo]
cabeza (f) del clavo	**testa** (f) **di chiodo**	['testa di ki'odo]
regla (f)	**regolo** (m)	['regolo]
cinta (f) métrica	**nastro** (m) **metrico**	['nastro 'metriko]
nivel (m) de burbuja	**livella** (f)	[li'vella]
lupa (f)	**lente** (f) **d'ingradimento**	['lente dingrandi'mento]
aparato (m) de medida	**strumento** (m) **di misurazione**	[stru'mento di mizura'tsjone]
medir (vt)	**misurare** (vt)	[mizu'rare]
escala (f) (~ métrica)	**scala** (f) **graduata**	['skala gradu'ata]
lectura (f)	**lettura, indicazione** (f)	[let'tura], [indika'tsjone]
compresor (m)	**compressore** (m)	[kompres'sore]
microscopio (m)	**microscopio** (m)	[mikro'skopio]
bomba (f) (~ de agua)	**pompa** (f)	['pompa]
robot (m)	**robot** (m)	[ro'bo]
láser (m)	**laser** (m)	['lazer]
llave (f) de tuerca	**chiave** (f)	['kjave]
cinta (f) adhesiva	**nastro** (m) **adesivo**	['nastro ade'zivo]
pegamento (m)	**colla** (f)	['kolla]
papel (m) de lija	**carta** (f) **smerigliata**	['karta zmeriʎ'ʎata]
resorte (m)	**molla** (f)	['molla]

imán (m)	**magnete** (m)	[ma'ɲete]
guantes (m pl)	**guanti** (m pl)	['gwanti]

cuerda (f)	**corda** (f)	['korda]
cordón (m)	**cordone** (m)	[kor'done]
hilo (m) (~ eléctrico)	**filo** (m)	['filo]
cable (m)	**cavo** (m)	['kavo]

almádana (f)	**mazza** (f)	['mattsa]
barra (f)	**palanchino** (m)	[palaŋ'kino]
escalera (f) portátil	**scala** (f) **a pioli**	['skala a pi'oli]
escalera (f) de tijera	**scala** (m) **a libretto**	['skala a li'bretto]

atornillar (vt)	**avvitare** (vt)	[avvi'tare]
destornillar (vt)	**svitare** (vt)	[zvi'tare]
apretar (vt)	**stringere** (vt)	['strinʤere]
pegar (vt)	**incollare** (vt)	[inkol'lare]
cortar (vt)	**tagliare** (vt)	[taʎ'ʎare]

fallo (m)	**guasto** (m)	['gwasto]
reparación (f)	**riparazione** (f)	[ripara'tsjone]
reparar (vt)	**riparare** (vt)	[ripa'rare]
regular, ajustar (vt)	**regolare** (vt)	[rego'lare]

verificar (vt)	**verificare** (vt)	[verifi'kare]
control (m)	**controllo** (m)	[kon'trollo]
lectura (f) (~ del contador)	**lettura, indicazione** (f)	[let'tura], [indika'tsjone]

fiable (máquina)	**sicuro**	[si'kuro]
complicado (adj)	**complesso**	[kom'plesso]

oxidarse (vr)	**arrugginire** (vi)	[arruʤi'nire]
oxidado (adj)	**arrugginito**	[arruʤi'nito]
óxido (m)	**ruggine** (f)	['ruʤine]

El transporte

105. El avión

avión (m)	**aereo** (m)	[a'ereo]
billete (m) de avión	**biglietto** (m) **aereo**	[biʎ'ʎetto a'ereo]
compañía (f) aérea	**compagnia** (f) **aerea**	[kompa'ɲia a'erea]
aeropuerto (m)	**aeroporto** (m)	[aero'porto]
supersónico (adj)	**supersonico**	[super'soniko]
comandante (m)	**comandante** (m)	[koman'dante]
tripulación (f)	**equipaggio** (m)	[ekwi'padʒo]
piloto (m)	**pilota** (m)	[pi'lota]
azafata (f)	**hostess** (f)	['ostess]
navegador (m)	**navigatore** (m)	[naviga'tore]
alas (f pl)	**ali** (f pl)	['ali]
cola (f)	**coda** (f)	['koda]
cabina (f)	**cabina** (f)	[ka'bina]
motor (m)	**motore** (m)	[mo'tore]
tren (m) de aterrizaje	**carrello** (m) **d'atterraggio**	[kar'rello datter'radʒo]
turbina (f)	**turbina** (f)	[tur'bina]
hélice (f)	**elica** (f)	['elika]
caja (f) negra	**scatola** (f) **nera**	['skatola 'nera]
timón (m)	**barra** (f) **di comando**	['barra di ko'mando]
combustible (m)	**combustibile** (m)	[kombu'stibile]
instructivo (m) de seguridad	**safety card** (f)	['sejfti kard]
respirador (m) de oxígeno	**maschera** (f) **ad ossigeno**	['maskera ad os'sidʒeno]
uniforme (m)	**uniforme** (f)	[uni'forme]
chaleco (m) salvavidas	**giubbotto** (m) **di salvataggio**	[dʒub'botto di salva'tadʒo]
paracaídas (m)	**paracadute** (m)	[paraka'dute]
despegue (m)	**decollo** (m)	[de'kollo]
despegar (vi)	**decollare** (vi)	[dekol'lare]
pista (f) de despegue	**pista** (f) **di decollo**	['pista di de'kollo]
visibilidad (f)	**visibilità** (f)	[vizibili'ta]
vuelo (m)	**volo** (m)	['volo]
altura (f)	**altitudine** (f)	[alti'tudine]
pozo (m) de aire	**vuoto** (m) **d'aria**	[vu'oto 'daria]
asiento (m)	**posto** (m)	['posto]
auriculares (m pl)	**cuffia** (f)	['kuffia]
mesita (f) plegable	**tavolinetto** (m) **pieghevole**	[tavoli'netto pje'gevole]
ventana (f)	**oblò** (m), **finestrino** (m)	[ob'lo], [fine'strino]
pasillo (m)	**corridoio** (m)	[korri'dojo]

106. El tren

tren (m)	**treno** (m)	['treno]
tren (m) eléctrico	**elettrotreno** (m)	[elettro'treno]
tren (m) rápido	**treno** (m) **rapido**	['treno 'rapido]
locomotora (f) diésel	**locomotiva** (f) **diesel**	[lokomo'tiva 'dizel]
tren (m) de vapor	**locomotiva** (f) **a vapore**	[lokomo'tiva a va'pore]
coche (m)	**carrozza** (f)	[kar'rottsa]
coche (m) restaurante	**vagone** (m) **ristorante**	[va'gone risto'rante]
rieles (m pl)	**rotaie** (f pl)	[ro'taje]
ferrocarril (m)	**ferrovia** (f)	[ferro'via]
traviesa (f)	**traversa** (f)	[tra'versa]
plataforma (f)	**banchina** (f)	[baŋ'kina]
vía (f)	**binario** (m)	[bi'nario]
semáforo (m)	**semaforo** (m)	[se'maforo]
estación (f)	**stazione** (f)	[sta'tsjone]
maquinista (m)	**macchinista** (m)	[makki'nista]
maletero (m)	**portabagagli** (m)	[porta·ba'gaʎʎi]
mozo (m) del vagón	**cuccettista** (m, f)	[kutʃet'tista]
pasajero (m)	**passeggero** (m)	[passe'dʒero]
revisor (m)	**controllore** (m)	[kontrol'lore]
corredor (m)	**corridoio** (m)	[korri'dojo]
freno (m) de urgencia	**freno** (m) **di emergenza**	['freno di emer'dʒentsa]
compartimiento (m)	**scompartimento** (m)	[skomparti'mento]
litera (f)	**cuccetta** (f)	[ku'tʃetta]
litera (f) de arriba	**cuccetta** (f) **superiore**	[ku'tʃetta supe'rjore]
litera (f) de abajo	**cuccetta** (f) **inferiore**	[ku'tʃetta infe'rjore]
ropa (f) de cama	**biancheria** (f) **da letto**	[bjanke'ria da 'letto]
billete (m)	**biglietto** (m)	[biʎ'ʎetto]
horario (m)	**orario** (m)	[o'rario]
pantalla (f) de información	**tabellone** (m) **orari**	[tabel'lone o'rari]
partir (vi)	**partire** (vi)	[par'tire]
partida (f) (del tren)	**partenza** (f)	[par'tentsa]
llegar (tren)	**arrivare** (vi)	[arri'vare]
llegada (f)	**arrivo** (m)	[ar'rivo]
llegar en tren	**arrivare con il treno**	[arri'vare kon il 'treno]
tomar el tren	**salire sul treno**	[sa'lire sul 'treno]
bajar del tren	**scendere dal treno**	['ʃendere dal 'treno]
descarrilamiento (m)	**deragliamento** (m)	[deraʎʎa'mento]
descarrilarse (vr)	**deragliare** (vi)	[deraʎ'ʎare]
tren (m) de vapor	**locomotiva** (f) **a vapore**	[lokomo'tiva a va'pore]
fogonero (m)	**fuochista** (m)	[fo'kista]
hogar (m)	**forno** (m)	['forno]
carbón (m)	**carbone** (m)	[kar'bone]

107. El barco

buque (m)	**nave** (f)	['nave]
navío (m)	**imbarcazione** (f)	[imbarka'tsjone]
buque (m) de vapor	**piroscafo** (m)	[pi'roskafo]
motonave (m)	**barca** (f) **fluviale**	['barka flu'vjale]
trasatlántico (m)	**transatlantico** (m)	[transat'lantiko]
crucero (m)	**incrociatore** (m)	[inkroʧa'tore]
yate (m)	**yacht** (m)	[jot]
remolcador (m)	**rimorchiatore** (m)	[rimorkja'tore]
barcaza (f)	**chiatta** (f)	['kjatta]
ferry (m)	**traghetto** (m)	[tra'getto]
velero (m)	**veliero** (m)	[ve'ljero]
bergantín (m)	**brigantino** (m)	[brigan'tino]
rompehielos (m)	**rompighiaccio** (m)	[rompi'gjaʧo]
submarino (m)	**sottomarino** (m)	[sottoma'rino]
bote (m) de remo	**barca** (f)	['barka]
bote (m)	**scialuppa** (f)	[ʃa'luppa]
bote (m) salvavidas	**scialuppa** (f) **di salvataggio**	[ʃa'luppa di salva'taʤo]
lancha (f) motora	**motoscafo** (m)	[moto'skafo]
capitán (m)	**capitano** (m)	[kapi'tano]
marinero (m)	**marittimo** (m)	[ma'rittimo]
marino (m)	**marinaio** (m)	[mari'najo]
tripulación (f)	**equipaggio** (m)	[ekwi'paʤo]
contramaestre (m)	**nostromo** (m)	[no'stromo]
grumete (m)	**mozzo** (m) **di nave**	['mottso di 'nave]
cocinero (m) de abordo	**cuoco** (m)	[ku'oko]
médico (m) del buque	**medico** (m) **di bordo**	['mediko di 'bordo]
cubierta (f)	**ponte** (m)	['ponte]
mástil (m)	**albero** (m)	['albero]
vela (f)	**vela** (f)	['vela]
bodega (f)	**stiva** (f)	['stiva]
proa (f)	**prua** (f)	['prua]
popa (f)	**poppa** (f)	['poppa]
remo (m)	**remo** (m)	['remo]
hélice (f)	**elica** (f)	['elika]
camarote (m)	**cabina** (f)	[ka'bina]
sala (f) de oficiales	**quadrato** (m) **degli ufficiali**	[kwa'drato 'deʎʎi uffi'ʧali]
sala (f) de máquinas	**sala** (f) **macchine**	['sala 'makkine]
puente (m) de mando	**ponte** (m) **di comando**	['ponte di ko'mando]
sala (f) de radio	**cabina** (f) **radiotelegrafica**	[ka'bina radiotele'grafika]
onda (f)	**onda** (f)	['onda]
cuaderno (m) de bitácora	**giornale** (m) **di bordo**	[ʤor'nale di 'bordo]
anteojo (m)	**cannocchiale** (m)	[kannok'kjale]
campana (f)	**campana** (f)	[kam'pana]

bandera (f)	**bandiera** (f)	[ban'djera]
cabo (m) (maroma)	**cavo** (m) **d'ormeggio**	['kavo dor'medʒo]
nudo (m)	**nodo** (m)	['nodo]
pasamano (m)	**ringhiera** (f)	[rin'gjera]
pasarela (f)	**passerella** (f)	[passe'rella]
ancla (f)	**ancora** (f)	['ankora]
levar ancla	**levare l'ancora**	[le'vare 'lankora]
echar ancla	**gettare l'ancora**	[dʒet'tare 'lankora]
cadena (f) del ancla	**catena** (f) **dell'ancora**	[ka'tena dell 'ankora]
puerto (m)	**porto** (m)	['porto]
embarcadero (m)	**banchina** (f)	[baŋ'kina]
amarrar (vt)	**ormeggiarsi** (vr)	[orme'dʒarsi]
desamarrar (vt)	**salpare** (vi)	[sal'pare]
viaje (m)	**viaggio** (m)	['vjadʒo]
crucero (m) (viaje)	**crociera** (f)	[kro'tʃera]
derrota (f) (rumbo)	**rotta** (f)	['rotta]
itinerario (m)	**itinerario** (m)	[itine'rario]
canal (m) navegable	**tratto** (m) **navigabile**	['tratto navi'gabile]
bajío (m)	**secca** (f)	['sekka]
encallar (vi)	**arenarsi** (vr)	[are'narsi]
tempestad (f)	**tempesta** (f)	[tem'pesta]
señal (f)	**segnale** (m)	[se'ɲale]
hundirse (vr)	**affondare** (vi)	[affon'dare]
¡Hombre al agua!	**Uomo in mare!**	[u'omo in 'mare]
SOS	**SOS**	['esse o 'esse]
aro (m) salvavidas	**salvagente** (m) **anulare**	[salva'dʒente anu'lare]

108. El aeropuerto

aeropuerto (m)	**aeroporto** (m)	[aero'porto]
avión (m)	**aereo** (m)	[a'ereo]
compañía (f) aérea	**compagnia** (f) **aerea**	[kompa'ɲia a'erea]
controlador (m) aéreo	**controllore** (m) **di volo**	[kontrol'lore di 'volo]
despegue (m)	**partenza** (f)	[par'tentsa]
llegada (f)	**arrivo** (m)	[ar'rivo]
llegar (en avión)	**arrivare** (vi)	[arri'vare]
hora (f) de salida	**ora** (f) **di partenza**	['ora di par'tentsa]
hora (f) de llegada	**ora** (f) **di arrivo**	['ora di ar'rivo]
retrasarse (vr)	**essere ritardato**	['essere ritar'dato]
retraso (m) de vuelo	**volo** (m) **ritardato**	['volo ritar'dato]
pantalla (f) de información	**tabellone** (m) **orari**	[tabel'lone o'rari]
información (f)	**informazione** (f)	[informa'tsjone]
anunciar (vt)	**annunciare** (vt)	[annun'tʃare]
vuelo (m)	**volo** (m)	['volo]

aduana (f)	**dogana** (f)	[do'gana]
aduanero (m)	**doganiere** (m)	[doga'njere]
declaración (f) de aduana	**dichiarazione** (f)	[dikjara'tsjone]
rellenar (vt)	**riempire** (vt)	[riem'pire]
rellenar la declaración	**riempire una dichiarazione**	[riem'pire 'una dikjara'tsjone]
control (m) de pasaportes	**controllo** (m) **passaporti**	[kon'trollo passa'porti]
equipaje (m)	**bagaglio** (m)	[ba'gaʎʎo]
equipaje (m) de mano	**bagaglio** (m) **a mano**	[ba'gaʎʎo a 'mano]
carrito (m) de equipaje	**carrello** (m)	[kar'rello]
aterrizaje (m)	**atterraggio** (m)	[atter'radʒo]
pista (f) de aterrizaje	**pista** (f) **di atterraggio**	['pista di atter'radʒo]
aterrizar (vi)	**atterrare** (vi)	[atter'rare]
escaleras (f pl) (de avión)	**scaletta** (f) **dell'aereo**	[ska'letta dell a'ereo]
facturación (f) (check-in)	**check-in** (m)	[ʧek-in]
mostrador (m) de facturación	**banco** (m) **del check-in**	['banko del ʧek-in]
hacer el check-in	**fare il check-in**	['fare il ʧek-in]
tarjeta (f) de embarque	**carta** (f) **d'imbarco**	['karta dim'barko]
puerta (f) de embarque	**porta** (f) **d'imbarco**	['porta dim'barko]
tránsito (m)	**transito** (m)	['tranzito]
esperar (aguardar)	**aspettare** (vt)	[aspet'tare]
zona (f) de preembarque	**sala** (f) **d'attesa**	['sala dat'teza]
despedir (vt)	**accompagnare** (vt)	[akkompa'ɲare]
despedirse (vr)	**congedarsi** (vr)	[kondʒe'darsi]

Acontecimentos de la vida

109. Los días festivos. Los eventos

fiesta (f)	**festa** (f)	['festa]
fiesta (f) nacional	**festa** (f) **nazionale**	['festa natsjo'nale]
día (m) de fiesta	**festività** (f) **civile**	[festivi'ta ʧi'vile]
festejar (vt)	**festeggiare** (vt)	[feste'ʤare]
evento (m)	**avvenimento** (m)	[avveni'mento]
medida (f)	**evento** (m)	[e'vento]
banquete (m)	**banchetto** (m)	[baŋ'ketto]
recepción (f)	**ricevimento** (m)	[riʧevi'mento]
festín (m)	**festino** (m)	[fes'tino]
aniversario (m)	**anniversario** (m)	[anniver'sario]
jubileo (m)	**giubileo** (m)	[ʤubi'leo]
celebrar (vt)	**festeggiare** (vt)	[feste'ʤare]
Año (m) Nuevo	**Capodanno** (m)	[kapo'danno]
¡Feliz Año Nuevo!	**Buon Anno!**	[buo'nanno]
Navidad (f)	**Natale** (m)	[na'tale]
¡Feliz Navidad!	**Buon Natale!**	[bu'on na'tale]
árbol (m) de Navidad	**Albero** (m) **di Natale**	['albero di na'tale]
fuegos (m pl) artificiales	**fuochi** (m pl) **artificiali**	[fu'oki artifi'ʧali]
boda (f)	**nozze** (f pl)	['nottse]
novio (m)	**sposo** (m)	['spozo]
novia (f)	**sposa** (f)	['spoza]
invitar (vt)	**invitare** (vt)	[invi'tare]
tarjeta (f) de invitación	**invito** (m)	[in'vito]
invitado (m)	**ospite** (m)	['ospite]
visitar (vt) (a los amigos)	**andare a trovare**	[an'dare a tro'vare]
recibir a los invitados	**accogliere gli invitati**	[ak'koʎʎere ʎi invi'tati]
regalo (m)	**regalo** (m)	[re'galo]
regalar (vt)	**offrire** (vt)	[of'frire]
recibir regalos	**ricevere i regali**	[ri'ʧevere i re'gali]
ramo (m) de flores	**mazzo** (m) **di fiori**	['mattso di 'fjori]
felicitación (f)	**auguri** (m pl)	[au'guri]
felicitar (vt)	**augurare** (vt)	[augu'rare]
tarjeta (f) de felicitación	**cartolina** (f)	[karto'lina]
enviar una tarjeta	**mandare una cartolina**	[man'dare 'una karto'lina]
recibir una tarjeta	**ricevere una cartolina**	[ri'ʧevere 'una karto'lina]
brindis (m)	**brindisi** (m)	['brindizi]

ofrecer (~ una copa)	**offrire** (vt)	[of'frire]
champaña (f)	**champagne** (m)	[ʃam'paɲ]
divertirse (vr)	**divertirsi** (vr)	[diver'tirsi]
diversión (f)	**allegria** (f)	[alle'gria]
alegría (f) (emoción)	**gioia** (f)	['dʒoja]
baile (m)	**danza** (f), **ballo** (m)	['dantsa], ['ballo]
bailar (vi, vt)	**ballare** (vi, vt)	[bal'lare]
vals (m)	**valzer** (m)	['valtser]
tango (m)	**tango** (m)	['tango]

110. Los funerales. El entierro

cementerio (m)	**cimitero** (m)	[tʃimi'tero]
tumba (f)	**tomba** (f)	['tomba]
cruz (f)	**croce** (f)	['krotʃe]
lápida (f)	**pietra** (f) **tombale**	['pjetra tom'bale]
verja (f)	**recinto** (m)	[re'tʃinto]
capilla (f)	**cappella** (f)	[kap'pella]
muerte (f)	**morte** (f)	['morte]
morir (vi)	**morire** (vi)	[mo'rire]
difunto (m)	**defunto** (m)	[de'funto]
luto (m)	**lutto** (m)	['lutto]
enterrar (vt)	**seppellire** (vt)	[seppel'lire]
funeraria (f)	**sede** (f) **di pompe funebri**	['sede di 'pompe 'funebri]
entierro (m)	**funerale** (m)	[fune'rale]
corona (f) funeraria	**corona** (f) **di fiori**	[ko'rona di 'fjori]
ataúd (m)	**bara** (f)	['bara]
coche (m) fúnebre	**carro** (m) **funebre**	['karro 'funebre]
mortaja (f)	**lenzuolo** (m) **funebre**	[lentsu'olo 'funebre]
cortejo (m) fúnebre	**corteo** (m) **funebre**	[kor'teo 'funebre]
urna (f) funeraria	**urna** (f) **funeraria**	['urna fune'raria]
crematorio (m)	**crematorio** (m)	[krema'torio]
necrología (f)	**necrologio** (m)	[nekro'lodʒo]
llorar (vi)	**piangere** (vi)	['pjandʒere]
sollozar (vi)	**singhiozzare** (vi)	[singjot'tsare]

111. La guerra. Los soldados

sección (f)	**plotone** (m)	[plo'tone]
compañía (f)	**compagnia** (f)	[kompa'ɲia]
regimiento (m)	**reggimento** (m)	[redʒi'mento]
ejército (m)	**esercito** (m)	[e'zertʃito]
división (f)	**divisione** (f)	[divi'zjone]
destacamento (m)	**distaccamento** (m)	[distakka'mento]

hueste (f)	**armata** (f)	[ar'mata]
soldado (m)	**soldato** (m)	[sol'dato]
oficial (m)	**ufficiale** (m)	[uffi'ʧale]
soldado (m) raso	**soldato** (m) **semplice**	[sol'dato 'sempliʧe]
sargento (m)	**sergente** (m)	[ser'ʤente]
teniente (m)	**tenente** (m)	[te'nente]
capitán (m)	**capitano** (m)	[kapi'tano]
mayor (m)	**maggiore** (m)	[ma'ʤore]
coronel (m)	**colonnello** (m)	[kolon'nello]
general (m)	**generale** (m)	[ʤene'rale]
marino (m)	**marinaio** (m)	[mari'najo]
capitán (m)	**capitano** (m)	[kapi'tano]
contramaestre (m)	**nostromo** (m)	[no'stromo]
artillero (m)	**artigliere** (m)	[artiʎ'ʎere]
paracaidista (m)	**paracadutista** (m)	[parakadu'tista]
piloto (m)	**pilota** (m)	[pi'lota]
navegador (m)	**navigatore** (m)	[naviga'tore]
mecánico (m)	**meccanico** (m)	[mek'kaniko]
zapador (m)	**geniere** (m)	[ʤe'njere]
paracaidista (m)	**paracadutista** (m)	[parakadu'tista]
explorador (m)	**esploratore** (m)	[esplora'tore]
francotirador (m)	**cecchino** (m)	[ʧek'kino]
patrulla (f)	**pattuglia** (f)	[pat'tuʎʎa]
patrullar (vi, vt)	**pattugliare** (vt)	[pattuʎ'ʎare]
centinela (m)	**sentinella** (f)	[senti'nella]
guerrero (m)	**guerriero** (m)	[gwer'rjero]
patriota (m)	**patriota** (m)	[patri'ota]
héroe (m)	**eroe** (m)	[e'roe]
heroína (f)	**eroina** (f)	[ero'ina]
traidor (m)	**traditore** (m)	[tradi'tore]
desertor (m)	**disertore** (m)	[dizer'tore]
desertar (vi)	**disertare** (vi)	[dizer'tare]
mercenario (m)	**mercenario** (m)	[merʧe'nario]
recluta (m)	**recluta** (f)	['rekluta]
voluntario (m)	**volontario** (m)	[volon'tario]
muerto (m)	**ucciso** (m)	[u'ʧizo]
herido (m)	**ferito** (m)	[fe'rito]
prisionero (m)	**prigioniero** (m) **di guerra**	[priʤo'njero di 'gwerra]

112. La guerra. Las maniobras militares. Unidad 1

guerra (f)	**guerra** (f)	['gwerra]
estar en guerra	**essere in guerra**	['essere in 'gwerra]
guerra (f) civil	**guerra** (f) **civile**	['gwerra ʧi'vile]
pérfidamente (adv)	**perfidamente**	[perfida'mente]

declaración (f) de guerra	**dichiarazione** (f) **di guerra**	[dikjara'tsjone di 'gwerra]
declarar (~ la guerra)	**dichiarare** (vt)	[dikja'rare]
agresión (f)	**aggressione** (f)	[aggres'sjone]
atacar (~ a un país)	**attaccare** (vt)	[attak'kare]
invadir (vt)	**invadere** (vt)	[in'vadere]
invasor (m)	**invasore** (m)	[inva'zore]
conquistador (m)	**conquistatore** (m)	[konkwista'tore]
defensa (f)	**difesa** (f)	[di'feza]
defender (vt)	**difendere** (vt)	[di'fendere]
defenderse (vr)	**difendersi** (vr)	[di'fendersi]
enemigo (m)	**nemico** (m)	[ne'miko]
adversario (m)	**avversario** (m)	[avver'sario]
enemigo (adj)	**ostile**	[o'stile]
estrategia (f)	**strategia** (f)	[strate'ʤia]
táctica (f)	**tattica** (f)	['tattika]
orden (f)	**ordine** (m)	['ordine]
comando (m)	**comando** (m)	[ko'mando]
ordenar (vt)	**ordinare** (vt)	[ordi'nare]
misión (f)	**missione** (f)	[mis'sjone]
secreto (adj)	**segreto**	[se'greto]
batalla (f)	**battaglia** (f)	[bat'taʎʎa]
combate (m)	**combattimento** (m)	[kombatti'mento]
ataque (m)	**attacco** (m)	[at'takko]
asalto (m)	**assalto** (m)	[as'salto]
tomar por asalto	**assalire** (vt)	[assa'lire]
asedio (m), sitio (m)	**assedio** (m)	[as'sedio]
ofensiva (f)	**offensiva** (f)	[offen'siva]
tomar la ofensiva	**passare all'offensiva**	[pas'sare all ofen'siva]
retirada (f)	**ritirata** (f)	[riti'rata]
retirarse (vr)	**ritirarsi** (vr)	[riti'rarsi]
envolvimiento (m)	**accerchiamento** (m)	[atʧerkja'mento]
cercar (vt)	**accerchiare** (vt)	[atʧer'kjare]
bombardeo (m)	**bombardamento** (m)	[bombarda'mento]
lanzar una bomba	**lanciare una bomba**	[lan'ʧare 'una 'bomba]
bombear (vt)	**bombardare** (vt)	[bomar'dare]
explosión (f)	**esplosione** (f)	[esplo'zjone]
tiro (m), disparo (m)	**sparo** (m)	['sparo]
disparar (vi)	**sparare un colpo**	[spa'rare un 'kolpo]
tiroteo (m)	**sparatoria** (f)	[spara'toria]
apuntar a ...	**puntare su ...**	[pun'tare su]
encarar (apuntar)	**puntare** (vt)	[pun'tare]
alcanzar (el objetivo)	**colpire** (vt)	[kol'pire]
hundir (vt)	**affondare** (vt)	[affon'dare]

brecha (f) (~ en el casco)	**falla** (f)	['falla]
hundirse (vr)	**affondare** (vi)	[affon'dare]
frente (m)	**fronte** (m)	['fronte]
evacuación (f)	**evacuazione** (f)	[evakua'tsjone]
evacuar (vt)	**evacuare** (vt)	[evaku'are]
trinchera (f)	**trincea** (f)	[trin'tʃea]
alambre (m) de púas	**filo** (m) **spinato**	['filo spi'nato]
barrera (f) (~ antitanque)	**sbarramento** (m)	[zbarra'mento]
torre (f) de vigilancia	**torretta** (f) **di osservazione**	[tor'retta di oserva'tsjone]
hospital (m)	**ospedale** (m) **militare**	[ospe'dale mili'tare]
herir (vt)	**ferire** (vt)	[fe'rire]
herida (f)	**ferita** (f)	[fe'rita]
herido (m)	**ferito** (m)	[fe'rito]
recibir una herida	**rimanere ferito**	[rima'nere fe'rito]
grave (herida)	**grave**	['grave]

113. La guerra. Las maniobras militares. Unidad 2

cautiverio (m)	**prigionia** (f)	[pridʒo'nia]
capturar (vt)	**fare prigioniero**	['fare pridʒo'njero]
estar en cautiverio	**essere prigioniero**	['essere pridʒo'njero]
caer prisionero	**essere fatto prigioniero**	['essere 'fatto pridʒo'njero]
campo (m) de concentración	**campo** (m) **di concentramento**	['kampo di kontʃentra'mento]
prisionero (m)	**prigioniero** (m) **di guerra**	[pridʒo'njero di 'gwerra]
escapar (de cautiverio)	**fuggire** (vi)	[fu'dʒire]
traicionar (vt)	**tradire** (vt)	[tra'dire]
traidor (m)	**traditore** (m)	[tradi'tore]
traición (f)	**tradimento** (m)	[tradi'mento]
fusilar (vt)	**fucilare** (vt)	[futʃi'lare]
fusilamiento (m)	**fucilazione** (f)	[futʃila'tsjone]
equipo (m) (uniforme, etc.)	**divisa** (f) **militare**	[di'viza mili'tare]
hombrera (f)	**spallina** (f)	[spal'lina]
máscara (f) antigás	**maschera** (f) **antigas**	['maskera anti'gas]
radio transmisor (m)	**radiotrasmettitore** (m)	['radio transmetti'tore]
cifra (f) (código)	**codice** (m)	['koditʃe]
conspiración (f)	**complotto** (m)	[kom'plotto]
contraseña (f)	**parola** (f) **d'ordine**	[pa'rola 'dordine]
mina (f) terrestre	**mina** (f)	['mina]
minar (poner minas)	**minare** (vt)	[mi'nare]
campo (m) minado	**campo** (m) **minato**	['kampo mi'nato]
alarma (f) aérea	**allarme** (m) **aereo**	[al'larme a'ereo]
alarma (f)	**allarme** (m)	[al'larme]
señal (f)	**segnale** (m)	[se'ɲale]

cohete (m) de señales	**razzo** (m) **di segnalazione**	['raddzo di seɲala'tsjone]
estado (m) mayor	**quartier** (m) **generale**	[kwar'tje dʒene'rale]
reconocimiento (m)	**esplorazione** (m)	[esplora'tore]
situación (f)	**situazione** (f)	[situa'tsjone]
informe (m)	**rapporto** (m)	[rap'porto]
emboscada (f)	**agguato** (m)	[ag'gwato]
refuerzo (m)	**rinforzo** (m)	[rin'fortso]
blanco (m)	**bersaglio** (m)	[ber'saʎʎo]
terreno (m) de prueba	**terreno** (m) **di caccia**	[ter'reno di 'katʃa]
maniobras (f pl)	**manovre** (f pl)	[ma'novre]
pánico (m)	**panico** (m)	['paniko]
devastación (f)	**devastazione** (f)	[devasta'tsjone]
destrucciones (f pl)	**distruzione** (m)	[distru'tsjone]
destruir (vt)	**distruggere** (vt)	[di'strudʒere]
sobrevivir (vi, vt)	**sopravvivere** (vi, vt)	[soprav'vivere]
desarmar (vt)	**disarmare** (vt)	[dizar'mare]
manejar (un arma)	**maneggiare** (vt)	[mane'dʒare]
¡Firmes!	**Attenti!**	[at'tenti]
¡Descanso!	**Riposo!**	[ri'pozo]
hazaña (f)	**atto** (m) **eroico**	['atto e'roiko]
juramento (m)	**giuramento** (m)	[dʒura'mento]
jurar (vt)	**giurare** (vi)	[dʒu'rare]
condecoración (f)	**decorazione** (f)	[dekora'tsjone]
condecorar (vt)	**decorare qn**	[deko'rare]
medalla (f)	**medaglia** (f)	[me'daʎʎa]
orden (f) (~ de Merito)	**ordine** (m)	['ordine]
victoria (f)	**vittoria** (f)	[vit'toria]
derrota (f)	**sconfitta** (m)	[skon'fitta]
armisticio (m)	**armistizio** (m)	[armi'stitsio]
bandera (f)	**bandiera** (f)	[ban'djera]
gloria (f)	**gloria** (f)	['gloria]
desfile (m) militar	**parata** (f)	[pa'rata]
marchar (desfilar)	**marciare** (vi)	[mar'tʃare]

114. Las armas

arma (f)	**armi** (f pl)	['armi]
arma (f) de fuego	**arma** (f) **da fuoco**	['arma da fu'oko]
arma (f) blanca	**arma** (f) **bianca**	['arma 'bjanka]
arma (f) química	**armi** (f pl) **chimiche**	['armi 'kimike]
nuclear (adj)	**nucleare**	[nukle'are]
arma (f) nuclear	**armi** (f pl) **nucleari**	['armi nukle'ari]
bomba (f)	**bomba** (f)	['bomba]
bomba (f) atómica	**bomba** (f) **atomica**	['bomba a'tomika]

pistola (f)	**pistola** (f)	[pi'stola]
fusil (m)	**fucile** (m)	[fu'ʧile]
metralleta (f)	**mitra** (m)	['mitra]
ametralladora (f)	**mitragliatrice** (f)	[mitraʎʎa'triʧe]
boca (f)	**bocca** (f)	['bokka]
cañón (m) (del arma)	**canna** (f)	['kanna]
calibre (m)	**calibro** (m)	['kalibro]
gatillo (m)	**grilletto** (m)	[gril'letto]
alza (f)	**mirino** (m)	[mi'rino]
cargador (m)	**caricatore** (m)	[karika'tore]
culata (f)	**calcio** (m)	['kalʧo]
granada (f) de mano	**bomba** (f) **a mano**	['bomba a 'mano]
explosivo (m)	**esplosivo** (m)	[esplo'zivo]
bala (f)	**pallottola** (f)	[pal'lottola]
cartucho (m)	**cartuccia** (f)	[kar'tuʧa]
carga (f)	**carica** (f)	['karika]
pertrechos (m pl)	**munizioni** (f pl)	[muni'tsjoni]
bombardero (m)	**bombardiere** (m)	[bombar'djere]
avión (m) de caza	**aereo** (m) **da caccia**	[a'ereo da 'kaʧa]
helicóptero (m)	**elicottero** (m)	[eli'kottero]
antiaéreo (m)	**cannone** (m) **antiaereo**	[kan'none anti·a'ereo]
tanque (m)	**carro** (m) **armato**	['karro ar'mato]
cañón (m) (de un tanque)	**cannone** (m)	[kan'none]
artillería (f)	**artiglieria** (f)	[artiʎʎe'ria]
cañón (m) (arma)	**cannone** (m)	[kan'none]
dirigir (un misil, etc.)	**mirare a ...**	[mi'rare a]
obús (m)	**proiettile** (m)	[pro'jettile]
bomba (f) de mortero	**granata** (f) **da mortaio**	[gra'nata da mor'tajo]
mortero (m)	**mortaio** (m)	[mor'tajo]
trozo (m) de obús	**scheggia** (f)	['skeʤa]
submarino (m)	**sottomarino** (m)	[sottoma'rino]
torpedo (m)	**siluro** (m)	[si'luro]
misil (m)	**missile** (m)	['missile]
cargar (pistola)	**caricare** (vt)	[kari'kare]
tirar (vi)	**sparare** (vi)	[spa'rare]
apuntar a ...	**puntare su ...**	[pun'tare su]
bayoneta (f)	**baionetta** (f)	[bajo'netta]
espada (f) (duelo a ~)	**spada** (f)	['spada]
sable (m)	**sciabola** (f)	['ʃabola]
lanza (f)	**lancia** (f)	['lanʧa]
arco (m)	**arco** (m)	['arko]
flecha (f)	**freccia** (f)	['freʧa]
mosquete (m)	**moschetto** (m)	[mos'ketto]
ballesta (f)	**balestra** (f)	[ba'lestra]

115. Los pueblos antiguos

primitivo (adj)	**primitivo**	[primi'tivo]
prehistórico (adj)	**preistorico**	[preis'toriko]
antiguo (adj)	**antico**	[an'tiko]
Edad (f) de Piedra	**Età** (f) **della pietra**	[e'ta 'della 'pjetra]
Edad (f) de Bronce	**Età** (f) **del bronzo**	[e'ta del 'brondzo]
Edad (f) de Hielo	**epoca** (f) **glaciale**	['epoka gla'ʧale]
tribu (f)	**tribù** (f)	[tri'bu]
caníbal (m)	**cannibale** (m)	[kan'nibale]
cazador (m)	**cacciatore** (m)	[katʧa'tore]
cazar (vi, vt)	**cacciare** (vt)	[ka'ʧare]
mamut (m)	**mammut** (m)	[mam'mut]
caverna (f)	**caverna** (f), **grotta** (f)	[ka'verna], ['grotta]
fuego (m)	**fuoco** (m)	[fu'oko]
hoguera (f)	**falò** (m)	[fa'lo]
pintura (f) rupestre	**pittura** (f) **rupestre**	[pit'tura ru'pestre]
útil (m)	**strumento** (m) **di lavoro**	[stru'mento di la'voro]
lanza (f)	**lancia** (f)	['lanʧa]
hacha (f) de piedra	**ascia** (f) **di pietra**	['aʃa di 'pjetra]
estar en guerra	**essere in guerra**	['essere in 'gwerra]
domesticar (vt)	**addomesticare** (vt)	[addomesti'kare]
ídolo (m)	**idolo** (m)	['idolo]
adorar (vt)	**idolatrare** (vt)	[idola'trare]
superstición (f)	**superstizione** (f)	[supersti'tsjone]
rito (m)	**rito** (m)	['rito]
evolución (f)	**evoluzione** (f)	[evolu'tsjone]
desarrollo (m)	**sviluppo** (m)	[zvi'luppo]
desaparición (f)	**estinzione** (f)	[estin'tsjone]
adaptarse (vr)	**adattarsi** (vr)	[adat'tarsi]
arqueología (f)	**archeologia** (f)	[arkeolo'ʤia]
arqueólogo (m)	**archeologo** (m)	[arke'ologo]
arqueológico (adj)	**archeologico**	[arkeo'loʤiko]
sitio (m) de excavación	**sito** (m) **archeologico**	['sito arkeo'loʤiko]
excavaciones (f pl)	**scavi** (m pl)	['skavi]
hallazgo (m)	**reperto** (m)	[re'perto]
fragmento (m)	**frammento** (m)	[fram'mento]

116. La edad media

pueblo (m)	**popolo** (m)	['popolo]
pueblos (m pl)	**popoli** (m pl)	['popoli]
tribu (f)	**tribù** (f)	[tri'bu]
tribus (f pl)	**tribù** (f pl)	[tri'bu]
bárbaros (m pl)	**barbari** (m pl)	['barbari]

galos (m pl)	**galli** (m pl)	['galli]
godos (m pl)	**goti** (m pl)	['goti]
eslavos (m pl)	**slavi** (m pl)	['zlavi]
vikingos (m pl)	**vichinghi** (m pl)	[vi'kingi]
romanos (m pl)	**romani** (m pl)	[ro'mani]
romano (adj)	**romano**	[ro'mano]
bizantinos (m pl)	**bizantini** (m pl)	[bidzan'tini]
Bizancio (m)	**Bisanzio** (m)	[bi'zansio]
bizantino (adj)	**bizantino**	[bidzan'tino]
emperador (m)	**imperatore** (m)	[impera'tore]
jefe (m)	**capo** (m)	['kapo]
poderoso (adj)	**potente**	[po'tente]
rey (m)	**re** (m)	[re]
gobernador (m)	**governante** (m)	[gover'nante]
caballero (m)	**cavaliere** (m)	[kava'ljere]
señor (m) feudal	**feudatario** (m)	[feuda'tario]
feudal (adj)	**feudale**	[feu'dale]
vasallo (m)	**vassallo** (m)	[vas'sallo]
duque (m)	**duca** (m)	['duka]
conde (m)	**conte** (m)	['konte]
barón (m)	**barone** (m)	[ba'rone]
obispo (m)	**vescovo** (m)	['veskovo]
armadura (f)	**armatura** (f)	[arma'tura]
escudo (m)	**scudo** (m)	['skudo]
espada (f) (danza de ~s)	**spada** (f)	['spada]
visera (f)	**visiera** (f)	[vi'zjera]
cota (f) de malla	**cotta** (f) **di maglia**	['kotta di 'maʎʎa]
cruzada (f)	**crociata** (f)	[kro'ʧata]
cruzado (m)	**crociato** (m)	[kro'ʧato]
territorio (m)	**territorio** (m)	[terri'torio]
atacar (~ a un país)	**attaccare** (vt)	[attak'kare]
conquistar (vt)	**conquistare** (vt)	[konkwi'stare]
ocupar (invadir)	**occupare** (vt)	[okku'pare]
asedio (m), sitio (m)	**assedio** (m)	[as'sedio]
sitiado (adj)	**assediato**	[asse'djato]
asediar, sitiar (vt)	**assediare** (vt)	[asse'djare]
inquisición (f)	**inquisizione** (f)	[inkwizi'tsjone]
inquisidor (m)	**inquisitore** (m)	[inkwizi'tore]
tortura (f)	**tortura** (f)	[tor'tura]
cruel (adj)	**crudele**	[kru'dele]
hereje (m)	**eretico** (m)	[e'retiko]
herejía (f)	**eresia** (f)	[ere'zia]
navegación (f) marítima	**navigazione** (f)	[naviga'tsjone]
pirata (m)	**pirata** (m)	[pi'rata]
piratería (f)	**pirateria** (f)	[pirate'ria]

abordaje (m)	**arrembaggio** (m)	[arrem'badʒo]
botín (m)	**bottino** (m)	[bot'tino]
tesoros (m pl)	**tesori** (m)	[te'zori]
descubrimiento (m)	**scoperta** (f)	[sko'perta]
descubrir (tierras nuevas)	**scoprire** (vt)	[sko'prire]
expedición (f)	**spedizione** (f)	[spedi'tsjone]
mosquetero (m)	**moschettiere** (m)	[mosket'tjere]
cardenal (m)	**cardinale** (m)	[kardi'nale]
heráldica (f)	**araldica** (f)	[a'raldika]
heráldico (adj)	**araldico**	[a'raldiko]

117. El líder. El jefe. Las autoridades

rey (m)	**re** (m)	[re]
reina (f)	**regina** (f)	[re'dʒina]
real (adj)	**reale**	[re'ale]
reino (m)	**regno** (m)	['reɲo]
príncipe (m)	**principe** (m)	['printʃipe]
princesa (f)	**principessa** (f)	[printʃi'pessa]
presidente (m)	**presidente** (m)	[prezi'dente]
vicepresidente (m)	**vicepresidente** (m)	[vitʃe·prezi'dente]
senador (m)	**senatore** (m)	[sena'tore]
monarca (m)	**monarca** (m)	[mo'narka]
gobernador (m)	**governante** (m)	[gover'nante]
dictador (m)	**dittatore** (m)	[ditta'tore]
tirano (m)	**tiranno** (m)	[ti'ranno]
magnate (m)	**magnate** (m)	[ma'ɲate]
director (m)	**direttore** (m)	[diret'tore]
jefe (m)	**capo** (m)	['kapo]
gerente (m)	**dirigente** (m)	[diri'dʒente]
amo (m)	**capo** (m)	['kapo]
dueño (m)	**proprietario** (m)	[proprie'tario]
jefe (m) (~ de delegación)	**capo** (m)	['kapo]
autoridades (f pl)	**autorità** (f pl)	[autori'ta]
superiores (m pl)	**superiori** (m pl)	[supe'rjori]
gobernador (m)	**governatore** (m)	[governa'tore]
cónsul (m)	**console** (m)	['konsole]
diplomático (m)	**diplomatico** (m)	[diplo'matiko]
alcalde (m)	**sindaco** (m)	['sindako]
sheriff (m)	**sceriffo** (m)	[ʃe'riffo]
emperador (m)	**imperatore** (m)	[impera'tore]
zar (m)	**zar** (m)	[tsar]
faraón (m)	**faraone** (m)	[fara'one]
jan (m), kan (m)	**khan** (m)	['kan]

118. Violar la ley. Los criminales. Unidad 1

bandido (m)	**bandito** (m)	[ban'dito]
crimen (m)	**delitto** (m)	[de'litto]
criminal (m)	**criminale** (m)	[krimi'nale]
ladrón (m)	**ladro** (m)	['ladro]
robar (vt)	**rubare** (vi, vt)	[ru'bare]
robo (m) (actividad)	**ruberia** (f)	[rube'ria]
robo (m) (hurto)	**furto** (m)	['furto]
secuestrar (vt)	**rapire** (vt)	[ra'pire]
secuestro (m)	**rapimento** (m)	[rapi'mento]
secuestrador (m)	**rapitore** (m)	[rapi'tore]
rescate (m)	**riscatto** (m)	[ris'katto]
exigir un rescate	**chiedere il riscatto**	['kjedere il ris'katto]
robar (vt)	**rapinare** (vt)	[rapi'nare]
atracador (m)	**rapinatore** (m)	[rapina'tore]
extorsionar (vt)	**estorcere** (vt)	[es'tortʃere]
extorsionista (m)	**estorsore** (m)	[estor'sore]
extorsión (f)	**estorsione** (f)	[estor'sjone]
matar, asesinar (vt)	**uccidere** (vt)	[u'tʃidere]
asesinato (m)	**assassinio** (m)	[assas'sinio]
asesino (m)	**assassino** (m)	[assas'sino]
tiro (m), disparo (m)	**sparo** (m)	['sparo]
disparar (vi)	**tirare un colpo**	[ti'rare un 'kolpo]
matar (a tiros)	**abbattere** (vt)	[ab'battere]
tirar (vi)	**sparare** (vi)	[spa'rare]
tiroteo (m)	**sparatoria** (f)	[spara'toria]
incidente (m)	**incidente** (m)	[intʃi'dente]
pelea (f)	**rissa** (f)	['rissa]
¡Socorro!	**Aiuto!**	[a'juto]
víctima (f)	**vittima** (f)	['vittima]
perjudicar (vt)	**danneggiare** (vt)	[danne'dʒare]
daño (m)	**danno** (m)	['danno]
cadáver (m)	**cadavere** (m)	[ka'davere]
grave (un delito ~)	**grave**	['grave]
atacar (vt)	**aggredire** (vt)	[aggre'dire]
pegar (golpear)	**picchiare** (vt)	[pik'kjare]
apporear (vt)	**picchiare** (vt)	[pik'kjare]
quitar (robar)	**sottrarre** (vt)	[sot'trarre]
acuchillar (vt)	**accoltellare a morte**	[akkolte'lare a 'morte]
mutilar (vt)	**mutilare** (vt)	[muti'lare]
herir (vt)	**ferire** (vt)	[fe'rire]
chantaje (m)	**ricatto** (m)	[ri'katto]
hacer chantaje	**ricattare** (vt)	[rikat'tare]

chantajista (m)	**ricattatore** (m)	[rikatta'tore]
extorsión (f)	**estorsione** (f)	[estor'sjone]
extorsionador (m)	**estorsore** (m)	[estor'sore]
gángster (m)	**gangster** (m)	['gangster]
mafia (f)	**mafia** (f)	['mafia]
carterista (m)	**borseggiatore** (m)	[borsedʒa'tore]
ladrón (m) de viviendas	**scassinatore** (m)	[skassina'tore]
contrabandismo (m)	**contrabbando** (m)	[kontrab'bando]
contrabandista (m)	**contrabbandiere** (m)	[kontrabban'djere]
falsificación (f)	**falsificazione** (f)	[falsifika'tsjone]
falsificar (vt)	**falsificare** (vt)	[falsifi'kare]
falso (falsificado)	**falso, falsificato**	['falso], [falsifi'kato]

119. Violar la ley. Los criminales. Unidad 2

violación (f)	**stupro** (m)	['stupro]
violar (vt)	**stuprare** (vt)	[stu'prare]
violador (m)	**stupratore** (m)	[stupra'tore]
maníaco (m)	**maniaco** (m)	[ma'njako]
prostituta (f)	**prostituta** (f)	[prosti'tuta]
prostitución (f)	**prostituzione** (f)	[prostitu'tsjone]
chulo (m), proxeneta (m)	**magnaccia** (m)	[ma'ɲatʃa]
drogadicto (m)	**drogato** (m)	[dro'gato]
narcotraficante (m)	**trafficante** (m) **di droga**	[traffi'kante di 'droga]
hacer explotar	**far esplodere**	[far e'splodere]
explosión (f)	**esplosione** (f)	[esplo'zjone]
incendiar (vt)	**incendiare** (vt)	[intʃen'djare]
incendiario (m)	**incendiario** (m)	[intʃen'djario]
terrorismo (m)	**terrorismo** (m)	[terro'rizmo]
terrorista (m)	**terrorista** (m)	[terro'rista]
rehén (m)	**ostaggio** (m)	[os'tadʒo]
estafar (vt)	**imbrogliare** (vt)	[imbroʎ'ʎare]
estafa (f)	**imbroglio** (m)	[im'broʎʎo]
estafador (m)	**imbroglione** (m)	[imbroʎ'ʎone]
sobornar (vt)	**corrompere** (vt)	[kor'rompere]
soborno (m) (delito)	**corruzione** (f)	[korru'tsjone]
soborno (m) (dinero, etc.)	**bustarella** (f)	[busta'rella]
veneno (m)	**veleno** (m)	[ve'leno]
envenenar (vt)	**avvelenare** (vt)	[avvele'nare]
envenenarse (vr)	**avvelenarsi** (vr)	[avvele'narsi]
suicidio (m)	**suicidio** (m)	[sui'tʃidio]
suicida (m, f)	**suicida** (m)	[sui'tʃida]
amenazar (vt)	**minacciare** (vt)	[mina'tʃare]
amenaza (f)	**minaccia** (f)	[mi'natʃa]

atentar (vi)	**attentare** (vi)	[atten'tare]
atentado (m)	**attentato** (m)	[atten'tato]
robar (un coche)	**rubare** (vt)	[ru'bare]
secuestrar (un avión)	**dirottare** (vt)	[dirot'tare]
venganza (f)	**vendetta** (f)	[ven'detta]
vengar (vt)	**vendicare** (vt)	[vendi'kare]
torturar (vt)	**torturare** (vt)	[tortu'rare]
tortura (f)	**tortura** (f)	[tor'tura]
atormentar (vt)	**maltrattare** (vt)	[maltrat'tare]
pirata (m)	**pirata** (m)	[pi'rata]
gamberro (m)	**teppista** (m)	[tep'pista]
armado (adj)	**armato**	[ar'mato]
violencia (f)	**violenza** (f)	[vio'lentsa]
ilegal (adj)	**illegale**	[ille'gale]
espionaje (m)	**spionaggio** (m)	[spio'nadʒo]
espiar (vi, vt)	**spiare** (vi)	[spi'are]

120. La policía. La ley. Unidad 1

justicia (f)	**giustizia** (f)	[dʒu'stitsia]
tribunal (m)	**tribunale** (m)	[tribu'nale]
juez (m)	**giudice** (m)	['dʒuditʃe]
jurados (m pl)	**giurati** (m)	[dʒu'rati]
tribunal (m) de jurados	**processo** (m) **con giuria**	[pro'tʃesso kon dʒu'ria]
juzgar (vt)	**giudicare** (vt)	[dʒudi'kare]
abogado (m)	**avvocato** (m)	[avvo'kato]
acusado (m)	**imputato** (m)	[impu'tato]
banquillo (m) de los acusados	**banco** (m) **degli imputati**	['banko 'deʎʎi impu'tati]
inculpación (f)	**accusa** (f)	[ak'kuza]
inculpado (m)	**accusato** (m)	[akku'zato]
sentencia (f)	**condanna** (f)	[kon'danna]
sentenciar (vt)	**condannare** (vt)	[kondan'nare]
culpable (m)	**colpevole** (m)	[kol'pevole]
castigar (vt)	**punire** (vt)	[pu'nire]
castigo (m)	**punizione** (f)	[puni'tsjone]
multa (f)	**multa** (f), **ammenda** (f)	['multa], [am'menda]
cadena (f) perpetua	**ergastolo** (m)	[er'gastolo]
pena (f) de muerte	**pena** (f) **di morte**	['pena di 'morte]
silla (f) eléctrica	**sedia** (f) **elettrica**	['sedia e'lettrika]
horca (f)	**impiccagione** (f)	[impikka'dʒone]
ejecutar (vt)	**giustiziare** (vt)	[dʒusti'tsjare]
ejecución (f)	**esecuzione** (f)	[ezeku'tsjone]

prisión (f)	**prigione** (f)	[pri'ʤone]
celda (f)	**cella** (f)	['ʧella]
escolta (f)	**scorta** (f)	['skorta]
guardia (m) de prisiones	**guardia** (f) **carceraria**	['gwardia karʧe'raria]
prisionero (m)	**prigioniero** (m)	[priʤo'njero]
esposas (f pl)	**manette** (f pl)	[ma'nette]
esposar (vt)	**mettere le manette**	['mettere le ma'nette]
escape (m)	**fuga** (f)	['fuga]
escaparse (vr)	**fuggire** (vi)	[fu'ʤire]
desaparecer (vi)	**scomparire** (vi)	[skompa'rire]
liberar (vt)	**liberare** (vt)	[libe'rare]
amnistía (f)	**amnistia** (f)	[amni'stia]
policía (f) (~ nacional)	**polizia** (f)	[poli'tsia]
policía (m)	**poliziotto** (m)	[poli'tsjotto]
comisaría (f) de policía	**commissariato** (m)	[kommissa'rjato]
porra (f)	**manganello** (m)	[manga'nello]
megáfono (m)	**altoparlante** (m)	[altopar'lante]
coche (m) patrulla	**macchina** (f) **di pattuglia**	['makkina di pat'tuʎʎa]
sirena (f)	**sirena** (f)	[si'rena]
poner la sirena	**mettere la sirena**	['mettere la si'rena]
canto (m) de la sirena	**suono** (m) **della sirena**	[su'ono 'della si'rena]
escena (f) del delito	**luogo** (m) **del crimine**	[lu'ogo del 'krimine]
testigo (m)	**testimone** (m)	[testi'mone]
libertad (f)	**libertà** (f)	[liber'ta]
cómplice (m)	**complice** (m)	['kompliʧe]
escapar de ...	**fuggire** (vi)	[fu'ʤire]
rastro (m)	**traccia** (f)	['traʧa]

121. La policía. La ley. Unidad 2

búsqueda (f)	**ricerca** (f)	[ri'ʧerka]
buscar (~ el criminal)	**cercare** (vt)	[ʧer'kare]
sospecha (f)	**sospetto** (m)	[so'spetto]
sospechoso (adj)	**sospetto**	[so'spetto]
parar (~ en la calle)	**fermare** (vt)	[fer'mare]
retener (vt)	**arrestare**	[arre'stare]
causa (f) (~ penal)	**causa** (f)	['kauza]
investigación (f)	**inchiesta** (f)	[in'kjesta]
detective (m)	**detective** (m)	[de'tektiv]
investigador (m)	**investigatore** (m)	[investiga'tore]
versión (f)	**versione** (f)	[ver'sjone]
motivo (m)	**movente** (m)	[mo'vente]
interrogatorio (m)	**interrogatorio** (m)	[interroga'torio]
interrogar (vt)	**interrogare** (vt)	[interro'gare]
interrogar (al testigo)	**interrogare** (vt)	[interro'gare]
control (m) (de vehículos, etc.)	**controllo** (m)	[kon'trollo]

redada (f)	**retata** (f)	[re'tata]
registro (m) (~ de la casa)	**perquisizione** (f)	[perkwizi'tsjone]
persecución (f)	**inseguimento** (m)	[insegwi'mento]
perseguir (vt)	**inseguire** (vt)	[inse'gwire]
rastrear (~ al criminal)	**essere sulle tracce**	['essere sulle 'tratʃe]
arresto (m)	**arresto** (m)	[ar'resto]
arrestar (vt)	**arrestare**	[arre'stare]
capturar (vt)	**catturare** (vt)	[kattu'rare]
captura (f)	**cattura** (f)	[kat'tura]
documento (m)	**documento** (m)	[doku'mento]
prueba (f)	**prova** (f)	['prova]
probar (vt)	**provare** (vt)	[pro'vare]
huella (f) (pisada)	**impronta** (f) **del piede**	[im'pronta del 'pjede]
huellas (f pl) digitales	**impronte** (f pl) **digitali**	[im'pronte didʒi'tali]
elemento (m) de prueba	**elemento** (m) **di prova**	[ele'mento di 'prova]
coartada (f)	**alibi** (m)	['alibi]
inocente (no culpable)	**innocente**	[inno'tʃente]
injusticia (f)	**ingiustizia** (f)	[indʒu'stitsia]
injusto (adj)	**ingiusto**	[in'dʒusto]
criminal (adj)	**criminale**	[krimi'nale]
confiscar (vt)	**confiscare** (vt)	[konfis'kare]
narcótico (f)	**droga** (f)	['droga]
arma (f)	**armi** (f pl)	['armi]
desarmar (vt)	**disarmare** (vt)	[dizar'mare]
ordenar (vt)	**ordinare** (vt)	[ordi'nare]
desaparecer (vi)	**sparire** (vi)	[spa'rire]
ley (f)	**legge** (f)	['ledʒe]
legal (adj)	**legale**	[le'gale]
ilegal (adj)	**illegale**	[ille'gale]
responsabilidad (f)	**responsabilità** (f)	[responsabili'ta]
responsable (adj)	**responsabile**	[respon'sabile]

LA NATURALEZA

La tierra. Unidad 1

122. El espacio

cosmos (m)	**cosmo** (m)	['kozmo]
espacial, cósmico (adj)	**cosmico, spaziale**	['kozmiko], [spa'tsjale]
espacio (m) cósmico	**spazio** (m) **cosmico**	['spatsio 'kozmiko]
mundo (m)	**mondo** (m)	['mondo]
universo (m)	**universo** (m)	[uni'verso]
galaxia (f)	**galassia** (f)	[ga'lassia]
estrella (f)	**stella** (f)	['stella]
constelación (f)	**costellazione** (f)	[kostella'tsjone]
planeta (m)	**pianeta** (m)	[pja'neta]
satélite (m)	**satellite** (m)	[sa'tellite]
meteorito (m)	**meteorite** (m)	[meteo'rite]
cometa (f)	**cometa** (f)	[ko'meta]
asteroide (m)	**asteroide** (m)	[aste'roide]
órbita (f)	**orbita** (f)	['orbita]
girar (vi)	**ruotare** (vi)	[ruo'tare]
atmósfera (f)	**atmosfera** (f)	[atmo'sfera]
Sol (m)	**il Sole**	[il 'sole]
Sistema (m) Solar	**sistema** (m) **solare**	[si'stema so'lare]
eclipse (m) de Sol	**eclisse** (f) **solare**	[e'klisse so'lare]
Tierra (f)	**la Terra**	[la 'terra]
Luna (f)	**la Luna**	[la 'luna]
Marte (m)	**Marte** (m)	['marte]
Venus (f)	**Venere** (f)	['venere]
Júpiter (m)	**Giove** (m)	['ʤove]
Saturno (m)	**Saturno** (m)	[sa'turno]
Mercurio (m)	**Mercurio** (m)	[mer'kurio]
Urano (m)	**Urano** (m)	[u'rano]
Neptuno (m)	**Nettuno** (m)	[net'tuno]
Plutón (m)	**Plutone** (m)	[plu'tone]
la Vía Láctea	**Via** (f) **Lattea**	['via 'lattea]
la Osa Mayor	**Orsa** (f) **Maggiore**	['orsa ma'ʤore]
la Estrella Polar	**Stella** (f) **Polare**	['stella po'lare]
marciano (m)	**marziano** (m)	[mar'tsjano]
extraterrestre (m)	**extraterrestre** (m)	[ekstrater'restre]

planetícola (m)	**alieno** (m)	[a'ljeno]
platillo (m) volante	**disco** (m) **volante**	['disko vo'lante]
nave (f) espacial	**nave** (f) **spaziale**	['nave spa'tsjale]
estación (f) orbital	**stazione** (f) **spaziale**	[sta'tsjone spa'tsjale]
despegue (m)	**lancio** (m)	['lantʃo]
motor (m)	**motore** (m)	[mo'tore]
tobera (f)	**ugello** (m)	[u'dʒello]
combustible (m)	**combustibile** (m)	[kombu'stibile]
carlinga (f)	**cabina** (f) **di pilotaggio**	[ka'bina di pilo'tadʒio]
antena (f)	**antenna** (f)	[an'tenna]
ventana (f)	**oblò** (m)	[ob'lo]
batería (f) solar	**batteria** (f) **solare**	[batte'ria so'lare]
escafandra (f)	**scafandro** (m)	[ska'fandro]
ingravidez (f)	**imponderabilità** (f)	[imponderabili'ta]
oxígeno (m)	**ossigeno** (m)	[os'sidʒeno]
atraque (m)	**aggancio** (m)	[ag'gantʃo]
realizar el atraque	**agganciarsi** (vr)	[aggan'tʃarsi]
observatorio (m)	**osservatorio** (m)	[osserva'torio]
telescopio (m)	**telescopio** (m)	[tele'skopio]
observar (vt)	**osservare** (vt)	[osser'vare]
explorar (~ el universo)	**esplorare** (vt)	[esplo'rare]

123. La tierra

Tierra (f)	**la Terra**	[la 'terra]
globo (m) terrestre	**globo** (m) **terrestre**	['globo ter'restre]
planeta (m)	**pianeta** (m)	[pja'neta]
atmósfera (f)	**atmosfera** (f)	[atmo'sfera]
geografía (f)	**geografia** (f)	[dʒeogra'fia]
naturaleza (f)	**natura** (f)	[na'tura]
globo (m) terráqueo	**mappamondo** (m)	[mappa'mondo]
mapa (m)	**carta** (f) **geografica**	['karta dʒeo'grafika]
atlas (m)	**atlante** (m)	[a'tlante]
Europa (f)	**Europa** (f)	[eu'ropa]
Asia (f)	**Asia** (f)	['azia]
África (f)	**Africa** (f)	['afrika]
Australia (f)	**Australia** (f)	[au'stralia]
América (f)	**America** (f)	[a'merika]
América (f) del Norte	**America** (f) **del Nord**	[a'merika del nord]
América (f) del Sur	**America** (f) **del Sud**	[a'merika del sud]
Antártida (f)	**Antartide** (f)	[an'tartide]
Ártico (m)	**Artico** (m)	['artiko]

124. Los puntos cardinales

norte (m)	**nord** (m)	[nord]
al norte	**a nord**	[a nord]
en el norte	**al nord**	[al nord]
del norte (adj)	**del nord**	[del nord]
sur (m)	**sud** (m)	[sud]
al sur	**a sud**	[a sud]
en el sur	**al sud**	[al sud]
del sur (adj)	**del sud**	[del sud]
oeste (m)	**ovest** (m)	['ovest]
al oeste	**a ovest**	[a 'ovest]
en el oeste	**all'ovest**	[all 'ovest]
del oeste (adj)	**dell'ovest, occidentale**	[dell 'ovest], [otʃiden'tale]
este (m)	**est** (m)	[est]
al este	**a est**	[a est]
en el este	**all'est**	[all 'est]
del este (adj)	**dell'est, orientale**	[dell 'est], [orien'tale]

125. El mar. El océano

mar (m)	**mare** (m)	['mare]
océano (m)	**oceano** (m)	[o'tʃeano]
golfo (m)	**golfo** (m)	['golfo]
estrecho (m)	**stretto** (m)	['stretto]
tierra (f) firme	**terra** (f)	['terra]
continente (m)	**continente** (m)	[konti'nente]
isla (f)	**isola** (f)	['izola]
península (f)	**penisola** (f)	[pe'nizola]
archipiélago (m)	**arcipelago** (m)	[artʃi'pelago]
bahía (f)	**baia** (f)	['baja]
puerto (m)	**porto** (m)	['porto]
laguna (f)	**laguna** (f)	[la'guna]
cabo (m)	**capo** (m)	['kapo]
atolón (m)	**atollo** (m)	[a'tollo]
arrecife (m)	**scogliera** (f)	[skoʎ'ʎera]
coral (m)	**corallo** (m)	[ko'rallo]
arrecife (m) de coral	**barriera** (f) **corallina**	[bar'rjera koral'lina]
profundo (adj)	**profondo**	[pro'fondo]
profundidad (f)	**profondità** (f)	[profondi'ta]
abismo (m)	**abisso** (m)	[a'bisso]
fosa (f) oceánica	**fossa** (f)	['fossa]
corriente (f)	**corrente** (f)	[kor'rente]
bañar (rodear)	**circondare** (vt)	[tʃirkon'dare]
orilla (f)	**litorale** (m)	[lito'rale]

costa (f)	**costa** (f)	['kosta]
flujo (m)	**alta marea** (f)	['alta ma'rea]
reflujo (m)	**bassa marea** (f)	['bassa ma'rea]
banco (m) de arena	**banco** (m) **di sabbia**	['banko di 'sabbia]
fondo (m)	**fondo** (m)	['fondo]
ola (f)	**onda** (f)	['onda]
cresta (f) de la ola	**cresta** (f) **dell'onda**	['kresta dell 'onda]
espuma (f)	**schiuma** (f)	['skjuma]
tempestad (f)	**tempesta** (f)	[tem'pesta]
huracán (m)	**uragano** (m)	[ura'gano]
tsunami (m)	**tsunami** (m)	[tsu'nami]
bonanza (f)	**bonaccia** (f)	[bo'natʃa]
calmo, tranquilo	**tranquillo**	[tran'kwillo]
polo (m)	**polo** (m)	['polo]
polar (adj)	**polare**	[po'lare]
latitud (f)	**latitudine** (f)	[lati'tudine]
longitud (f)	**longitudine** (f)	[londʒi'tudine]
paralelo (m)	**parallelo** (m)	[paral'lelo]
ecuador (m)	**equatore** (m)	[ekwa'tore]
cielo (m)	**cielo** (m)	['tʃelo]
horizonte (m)	**orizzonte** (m)	[orid'dzonte]
aire (m)	**aria** (f)	['aria]
faro (m)	**faro** (m)	['faro]
bucear (vi)	**tuffarsi** (vr)	[tuf'farsi]
hundirse (vr)	**affondare** (vi)	[affon'dare]
tesoros (m pl)	**tesori** (m)	[te'zori]

126. Los nombres de los mares y los océanos

océano (m) Atlántico	**Oceano** (m) **Atlantico**	[o'tʃeano at'lantiko]
océano (m) Índico	**Oceano** (m) **Indiano**	[o'tʃeano indi'ano]
océano (m) Pacífico	**Oceano** (m) **Pacifico**	[o'tʃeano pa'tʃifiko]
océano (m) Glacial Ártico	**mar** (m) **Glaciale Artico**	[mar gla'tʃale 'artiko]
mar (m) Negro	**mar** (m) **Nero**	[mar 'nero]
mar (m) Rojo	**mar** (m) **Rosso**	[mar 'rosso]
mar (m) Amarillo	**mar** (m) **Giallo**	[mar 'dʒallo]
mar (m) Blanco	**mar** (m) **Bianco**	[mar 'bjanko]
mar (m) Caspio	**mar** (m) **Caspio**	[mar 'kaspio]
mar (m) Muerto	**mar** (m) **Morto**	[mar 'morto]
mar (m) Mediterráneo	**mar** (m) **Mediterraneo**	[mar mediter'raneo]
mar (m) Egeo	**mar** (m) **Egeo**	[mar e'dʒeo]
mar (m) Adriático	**mar** (m) **Adriatico**	[mar adri'atiko]
mar (m) Arábigo	**mar** (m) **Arabico**	[mar a'rabiko]
mar (m) del Japón	**mar** (m) **del Giappone**	[mar del dʒap'pone]

mar (m) de Bering	**mare** (m) **di Bering**	['mare di 'bering]
mar (m) de la China Meridional	**mar** (m) **Cinese meridionale**	[mar ʧi'neze meridio'nale]
mar (m) del Coral	**mar** (m) **dei Coralli**	[mar 'dei ko'ralli]
mar (m) de Tasmania	**mar** (m) **di Tasmania**	[mar di taz'mania]
mar (m) Caribe	**mar** (m) **dei Caraibi**	[mar dei kara'ibi]
mar (m) de Barents	**mare** (m) **di Barents**	['mare di 'barents]
mar (m) de Kara	**mare** (m) **di Kara**	['mare di 'kara]
mar (m) del Norte	**mare** (m) **del Nord**	['mare del nord]
mar (m) Báltico	**mar** (m) **Baltico**	[mar 'baltiko]
mar (m) de Noruega	**mare** (m) **di Norvegia**	['mare di nor'veʤa]

127. Las montañas

montaña (f)	**monte** (m), **montagna** (f)	['monte], [mon'taɲa]
cadena (f) de montañas	**catena** (f) **montuosa**	[ka'tena montu'oza]
cresta (f) de montañas	**crinale** (m)	[kri'nale]
cima (f)	**cima** (f)	['ʧima]
pico (m)	**picco** (m)	['pikko]
pie (m)	**piedi** (m pl)	['pjede]
cuesta (f)	**pendio** (m)	[pen'dio]
volcán (m)	**vulcano** (m)	[vul'kano]
volcán (m) activo	**vulcano** (m) **attivo**	[vul'kano at'tivo]
volcán (m) apagado	**vulcano** (m) **inattivo**	[vul'kano inat'tivo]
erupción (f)	**eruzione** (f)	[eru'tsjone]
cráter (m)	**cratere** (m)	[kra'tere]
magma (f)	**magma** (m)	['magma]
lava (f)	**lava** (f)	['lava]
fundido (lava ~a)	**fuso**	['fuzo]
cañón (m)	**canyon** (m)	['kenjon]
desfiladero (m)	**gola** (f)	['gola]
grieta (f)	**crepaccio** (m)	[kre'paʧo]
precipicio (m)	**precipizio** (m)	[preʧi'pitsio]
puerto (m) (paso)	**passo** (m), **valico** (m)	['passo], ['valiko]
meseta (f)	**altopiano** (m)	[alto'pjano]
roca (f)	**falesia** (f)	[fa'lezia]
colina (f)	**collina** (f)	[kol'lina]
glaciar (m)	**ghiacciaio** (m)	[gja'ʧajo]
cascada (f)	**cascata** (f)	[kas'kata]
geiser (m)	**geyser** (m)	['gejzer]
lago (m)	**lago** (m)	['lago]
llanura (f)	**pianura** (f)	[pja'nura]
paisaje (m)	**paesaggio** (m)	[pae'zaʤo]
eco (m)	**eco** (f)	['eko]

alpinista (m)	**alpinista** (m)	[alpi'nista]
escalador (m)	**scalatore** (m)	[skala'tore]
conquistar (vt)	**conquistare** (vt)	[konkwi'stare]
ascensión (f)	**scalata** (f)	[ska'lata]

128. Los nombres de las montañas

Alpes (m pl)	**Alpi** (f pl)	['alpi]
Montblanc (m)	**Monte** (m) **Bianco**	['monte 'bjanko]
Pirineos (m pl)	**Pirenei** (m pl)	[pire'nei]
Cárpatos (m pl)	**Carpazi** (m pl)	[kar'patsi]
Urales (m pl)	**gli Urali** (m pl)	[ʎi u'rali]
Cáucaso (m)	**Caucaso** (m)	['kaukazo]
Elbrus (m)	**Monte** (m) **Elbrus**	['monte 'elbrus]
Altai (m)	**Monti** (m pl) **Altai**	['monti al'taj]
Tian-Shan (m)	**Tien Shan** (m)	[tjen 'ʃan]
Pamir (m)	**Pamir** (m)	[pa'mir]
Himalayos (m pl)	**Himalaia** (m)	[ima'laja]
Everest (m)	**Everest** (m)	['everest]
Andes (m pl)	**Ande** (f pl)	['ande]
Kilimanjaro (m)	**Kilimangiaro** (m)	[kiliman'ʤaro]

129. Los ríos

río (m)	**fiume** (m)	['fjume]
manantial (m)	**fonte** (f)	['fonte]
lecho (m) (curso de agua)	**letto** (m)	['letto]
cuenca (f) fluvial	**bacino** (m)	[ba'ʧino]
desembocar en ...	**sfociare nel ...**	[sfo'ʧare nel]
afluente (m)	**affluente** (m)	[afflu'ente]
ribera (f)	**riva** (f)	['riva]
corriente (f)	**corrente** (f)	[kor'rente]
río abajo (adv)	**a valle**	[a 'valle]
río arriba (adv)	**a monte**	[a 'monte]
inundación (f)	**inondazione** (f)	[inonda'tsjone]
riada (f)	**piena** (f)	['pjena]
desbordarse (vr)	**straripare** (vi)	[strari'pare]
inundar (vt)	**inondare** (vt)	[inon'dare]
bajo (m) arenoso	**secca** (f)	['sekka]
rápido (m)	**rapida** (f)	['rapida]
presa (f)	**diga** (f)	['diga]
canal (m)	**canale** (m)	[ka'nale]
lago (m) artificiale	**bacino** (m) **di riserva**	[ba'ʧino di ri'zerva]
esclusa (f)	**chiusa** (f)	['kjuza]

cuerpo (m) de agua	**bacino** (m) **idrico**	[ba'ʧino 'idriko]
pantano (m)	**palude** (f)	[pa'lude]
ciénaga (m)	**pantano** (m)	[pan'tano]
remolino (m)	**vortice** (m)	['vortiʧe]
arroyo (m)	**ruscello** (m)	[ru'ʃello]
potable (adj)	**potabile**	[po'tabile]
dulce (agua ~)	**dolce**	['dolʧe]
hielo (m)	**ghiaccio** (m)	['gjaʧo]
helarse (el lago, etc.)	**ghiacciarsi** (vr)	[gja'ʧarsi]

130. Los nombres de los ríos

Sena (m)	**Senna** (f)	['senna]
Loira (m)	**Loira** (f)	['loira]
Támesis (m)	**Tamigi** (m)	[ta'miʤi]
Rin (m)	**Reno** (m)	['reno]
Danubio (m)	**Danubio** (m)	[da'nubio]
Volga (m)	**Volga** (m)	['volga]
Don (m)	**Don** (m)	[don]
Lena (m)	**Lena** (f)	['lena]
Río (m) Amarillo	**Fiume** (m) **Giallo**	['fjume 'ʤallo]
Río (m) Azul	**Fiume** (m) **Azzurro**	['fjume ad'ʣurro]
Mekong (m)	**Mekong** (m)	[me'kong]
Ganges (m)	**Gange** (m)	['ganʤe]
Nilo (m)	**Nilo** (m)	['nilo]
Congo (m)	**Congo** (m)	['kongo]
Okavango (m)	**Okavango**	[oka'vango]
Zambeze (m)	**Zambesi** (m)	[ʣam'bezi]
Limpopo (m)	**Limpopo** (m)	['limpopo]
Misisipí (m)	**Mississippi** (m)	[missis'sippi]

131. El bosque

bosque (m)	**foresta** (f)	[fo'resta]
de bosque (adj)	**forestale**	[fores'tale]
espesura (f)	**foresta** (f) **fitta**	[fo'resta 'fitta]
bosquecillo (m)	**boschetto** (m)	[bos'ketto]
claro (m)	**radura** (f)	[ra'dura]
maleza (f)	**roveto** (m)	[ro'veto]
matorral (m)	**boscaglia** (f)	[bos'kaʎʎa]
senda (f)	**sentiero** (m)	[sen'tjero]
barranco (m)	**calanco** (m)	[ka'lanko]
árbol (m)	**albero** (m)	['albero]

hoja (f)	**foglia** (f)	['foʎʎa]
follaje (m)	**fogliame** (m)	[foʎ'ʎame]
caída (f) de hojas	**caduta** (f) **delle foglie**	[ka'duta 'delle 'foʎʎe]
caer (las hojas)	**cadere** (vi)	[ka'dere]
cima (f)	**cima** (f)	['ʧima]
rama (f)	**ramo** (m), **ramoscello** (m)	['ramo], [ramo'ʃello]
rama (f) (gruesa)	**ramo** (m)	['ramo]
brote (m)	**gemma** (f)	['ʤemma]
aguja (f)	**ago** (m)	['ago]
piña (f)	**pigna** (f)	['piɲa]
agujero (m)	**cavità** (f)	[kavi'ta]
nido (m)	**nido** (m)	['nido]
madriguera (f)	**tana** (f)	['tana]
tronco (m)	**tronco** (m)	['tronko]
raíz (f)	**radice** (f)	[ra'diʧe]
corteza (f)	**corteccia** (f)	[kor'teʧa]
musgo (m)	**musco** (m)	['musko]
extirpar (vt)	**sradicare** (vt)	[zradi'kare]
talar (vt)	**abbattere** (vt)	[ab'battere]
deforestar (vt)	**disboscare** (vt)	[dizbo'skare]
tocón (m)	**ceppo** (m)	['ʧeppo]
hoguera (f)	**falò** (m)	[fa'lo]
incendio (m)	**incendio** (m) **boschivo**	[in'ʧendio bos'kivo]
apagar (~ el incendio)	**spegnere** (vt)	['speɲere]
guarda (m) forestal	**guardia** (f) **forestale**	['gwardia fores'tale]
protección (f)	**protezione** (f)	[prote'tsjone]
proteger (vt)	**proteggere** (vt)	[pro'teʤere]
cazador (m) furtivo	**bracconiere** (m)	[brakko'njere]
cepo (m)	**tagliola** (f)	[taʎ'ʎoʎa]
recoger (setas, bayas)	**raccogliere** (vt)	[rak'koʎʎere]
perderse (vr)	**perdersi** (vr)	['perdersi]

132. Los recursos naturales

recursos (m pl) naturales	**risorse** (f pl) **naturali**	[ri'sorse natu'rali]
minerales (m pl)	**minerali** (m pl)	[mine'rali]
depósitos (m pl)	**deposito** (m)	[de'pozito]
yacimiento (m)	**giacimento** (m)	[ʤaʧi'mento]
extraer (vt)	**estrarre** (vt)	[e'strarre]
extracción (f)	**estrazione** (f)	[estra'tsjone]
mineral (m)	**minerale** (m) **grezzo**	[mine'rale 'greddzo]
mina (f)	**miniera** (f)	[mi'njera]
pozo (m) de mina	**pozzo** (m) **di miniera**	['pottso di mi'njera]
minero (m)	**minatore** (m)	[mina'tore]
gas (m)	**gas** (m)	[gas]

gasoducto (m)	**gasdotto** (m)	[gas'dotto]
petróleo (m)	**petrolio** (m)	[pe'trolio]
oleoducto (m)	**oleodotto** (m)	[oleo'dotto]
torre (f) petrolera	**torre** (f) **di estrazione**	['torre di estra'tsjone]
torre (f) de sondeo	**torre** (f) **di trivellazione**	['torre di trivella'tsjone]
petrolero (m)	**petroliera** (f)	[petro'ljera]
arena (f)	**sabbia** (f)	['sabbia]
caliza (f)	**calcare** (m)	[kal'kare]
grava (f)	**ghiaia** (f)	['gjaja]
turba (f)	**torba** (f)	['torba]
arcilla (f)	**argilla** (f)	[ar'ʤilla]
carbón (m)	**carbone** (m)	[kar'bone]
hierro (m)	**ferro** (m)	['ferro]
oro (m)	**oro** (m)	['oro]
plata (f)	**argento** (m)	[ar'ʤento]
níquel (m)	**nichel** (m)	['nikel]
cobre (m)	**rame** (m)	['rame]
zinc (m)	**zinco** (m)	['ʣinko]
manganeso (m)	**manganese** (m)	[manga'neze]
mercurio (m)	**mercurio** (m)	[mer'kurio]
plomo (m)	**piombo** (m)	['pjombo]
mineral (m)	**minerale** (m)	[mine'rale]
cristal (m)	**cristallo** (m)	[kris'tallo]
mármol (m)	**marmo** (m)	['marmo]
uranio (m)	**uranio** (m)	[u'ranio]

La tierra. Unidad 2

133. El tiempo

tiempo (m)	**tempo** (m)	['tempo]
previsión (m) del tiempo	**previsione** (f) **del tempo**	[previ'zjone del 'tempo]
temperatura (f)	**temperatura** (f)	[tempera'tura]
termómetro (m)	**termometro** (m)	[ter'mometro]
barómetro (m)	**barometro** (m)	[ba'rometro]
húmedo (adj)	**umido**	['umido]
humedad (f)	**umidità** (f)	[umidi'ta]
bochorno (m)	**caldo** (m), **afa** (f)	['kaldo], ['afa]
tórrido (adj)	**molto caldo**	['molto 'kaldo]
hace mucho calor	**fa molto caldo**	[fa 'molto 'kaldo]
hace calor (templado)	**fa caldo**	[fa 'kaldo]
templado (adj)	**caldo**	['kaldo]
hace frío	**fa freddo**	[fa 'freddo]
frío (adj)	**freddo**	['freddo]
sol (m)	**sole** (m)	['sole]
brillar (vi)	**splendere** (vi)	['splendere]
soleado (un día ~)	**di sole**	[di 'sole]
elevarse (el sol)	**levarsi** (vr)	[le'varsi]
ponerse (vr)	**tramontare** (vi)	[tramon'tare]
nube (f)	**nuvola** (f)	['nuvola]
nuboso (adj)	**nuvoloso**	[nuvo'lozo]
nubarrón (m)	**nube** (f) **di pioggia**	['nube di 'pjodʒa]
nublado (adj)	**nuvoloso**	[nuvo'lozo]
lluvia (f)	**pioggia** (f)	['pjodʒa]
está lloviendo	**piove**	['pjove]
lluvioso (adj)	**piovoso**	[pjo'vozo]
lloviznar (vi)	**piovigginare** (vi)	[pjovidʒi'nare]
aguacero (m)	**pioggia** (f) **torrenziale**	['pjodʒa torren'tsjale]
chaparrón (m)	**acquazzone** (m)	[akwat'tsone]
fuerte (la lluvia ~)	**forte**	['forte]
charco (m)	**pozzanghera** (f)	[pot'tsangera]
mojarse (vr)	**bagnarsi** (vr)	[ba'ɲarsi]
niebla (f)	**foschia** (f), **nebbia** (f)	[fos'kia], ['nebbia]
nebuloso (adj)	**nebbioso**	[neb'bjozo]
nieve (f)	**neve** (f)	['neve]
está nevando	**nevica**	['nevika]

134. Los eventos climáticos severos. Los desastres naturales

tormenta (f)	**temporale** (m)	[tempo'rale]
relámpago (m)	**fulmine** (f)	['fulmine]
relampaguear (vi)	**lampeggiare** (vi)	[lampe'dʒare]
trueno (m)	**tuono** (m)	[tu'ono]
tronar (vi)	**tuonare** (vi)	[tuo'nare]
está tronando	**tuona**	[tu'ona]
granizo (m)	**grandine** (f)	['grandine]
está granizando	**grandina**	['grandina]
inundar (vt)	**inondare** (vt)	[inon'dare]
inundación (f)	**inondazione** (f)	[inonda'tsjone]
terremoto (m)	**terremoto** (m)	[terre'moto]
sacudida (f)	**scossa** (f)	['skossa]
epicentro (m)	**epicentro** (m)	[epi'tʃentro]
erupción (f)	**eruzione** (f)	[eru'tsjone]
lava (f)	**lava** (f)	['lava]
torbellino (m)	**tromba** (f) **d'aria**	['tromba 'daria]
tornado (m)	**tornado** (m)	[tor'nado]
tifón (m)	**tifone** (m)	[ti'fone]
huracán (m)	**uragano** (m)	[ura'gano]
tempestad (f)	**tempesta** (f)	[tem'pesta]
tsunami (m)	**tsunami** (m)	[tsu'nami]
ciclón (m)	**ciclone** (m)	[tʃi'klone]
mal tiempo (m)	**maltempo** (m)	[mal'tempo]
incendio (m)	**incendio** (m)	[in'tʃendio]
catástrofe (f)	**disastro** (m)	[di'zastro]
meteorito (m)	**meteorite** (m)	[meteo'rite]
avalancha (f)	**valanga** (f)	[va'langa]
alud (m) de nieve	**slavina** (f)	[zla'vina]
ventisca (f)	**tempesta** (f) **di neve**	[tem'pesta di 'neve]
nevasca (f)	**bufera** (f) **di neve**	['bufera di 'neve]

La fauna

135. Los mamíferos. Los predadores

carnívoro (m)	**predatore** (m)	[preda'tore]
tigre (m)	**tigre** (f)	['tigre]
león (m)	**leone** (m)	[le'one]
lobo (m)	**lupo** (m)	['lupo]
zorro (m)	**volpe** (m)	['volpe]
jaguar (m)	**giaguaro** (m)	[dʒa'gwaro]
leopardo (m)	**leopardo** (m)	[leo'pardo]
guepardo (m)	**ghepardo** (m)	[ge'pardo]
pantera (f)	**pantera** (f)	[pan'tera]
puma (f)	**puma** (f)	['puma]
leopardo (m) de las nieves	**leopardo** (m) **delle nevi**	[leo'pardo 'delle 'nevi]
lince (m)	**lince** (f)	['lintʃe]
coyote (m)	**coyote** (m)	[ko'jote]
chacal (m)	**sciacallo** (m)	[ʃa'kallo]
hiena (f)	**iena** (f)	['jena]

136. Los animales salvajes

animal (m)	**animale** (m)	[ani'male]
bestia (f)	**bestia** (f)	['bestia]
ardilla (f)	**scoiattolo** (m)	[sko'jattolo]
erizo (m)	**riccio** (m)	['ritʃo]
liebre (f)	**lepre** (f)	['lepre]
conejo (m)	**coniglio** (m)	[ko'niʎʎo]
tejón (m)	**tasso** (m)	['tasso]
mapache (m)	**procione** (f)	[pro'tʃone]
hámster (m)	**criceto** (m)	[kri'tʃeto]
marmota (f)	**marmotta** (f)	[mar'motta]
topo (m)	**talpa** (f)	['talpa]
ratón (m)	**topo** (m)	['topo]
rata (f)	**ratto** (m)	['ratto]
murciélago (m)	**pipistrello** (m)	[pipi'strello]
armiño (m)	**ermellino** (m)	[ermel'lino]
cebellina (f)	**zibellino** (m)	[dzibel'lino]
marta (f)	**martora** (f)	['martora]
comadreja (f)	**donnola** (f)	['donnola]
visón (m)	**visone** (m)	[vi'zone]

castor (m)	**castoro** (m)	[kas'toro]
nutria (f)	**lontra** (f)	['lontra]
caballo (m)	**cavallo** (m)	[ka'vallo]
alce (m)	**alce** (m)	['altʃe]
ciervo (m)	**cervo** (m)	['tʃervo]
camello (m)	**cammello** (m)	[kam'mello]
bisonte (m)	**bisonte** (m) **americano**	[bi'zonte ameri'kano]
uro (m)	**bisonte** (m) **europeo**	[bi'zonte euro'peo]
búfalo (m)	**bufalo** (m)	['bufalo]
cebra (f)	**zebra** (f)	['dzebra]
antílope (m)	**antilope** (f)	[an'tilope]
corzo (m)	**capriolo** (m)	[kapri'olo]
gamo (m)	**daino** (m)	['daino]
gamuza (f)	**camoscio** (m)	[ka'moʃo]
jabalí (m)	**cinghiale** (m)	[tʃin'gjale]
ballena (f)	**balena** (f)	[ba'lena]
foca (f)	**foca** (f)	['foka]
morsa (f)	**tricheco** (m)	[tri'keko]
oso (m) marino	**otaria** (f)	[o'taria]
delfín (m)	**delfino** (m)	[del'fino]
oso (m)	**orso** (m)	['orso]
oso (m) blanco	**orso** (m) **bianco**	['orso 'bjanko]
panda (f)	**panda** (m)	['panda]
mono (m)	**scimmia** (f)	['ʃimmia]
chimpancé (m)	**scimpanzè** (m)	[ʃimpan'dze]
orangután (m)	**orango** (m)	[o'rango]
gorila (m)	**gorilla** (m)	[go'rilla]
macaco (m)	**macaco** (m)	[ma'kako]
gibón (m)	**gibbone** (m)	[dʒib'bone]
elefante (m)	**elefante** (m)	[ele'fante]
rinoceronte (m)	**rinoceronte** (m)	[rinotʃe'ronte]
jirafa (f)	**giraffa** (f)	[dʒi'raffa]
hipopótamo (m)	**ippopotamo** (m)	[ippo'potamo]
canguro (m)	**canguro** (m)	[kan'guro]
koala (f)	**koala** (m)	[ko'ala]
mangosta (f)	**mangusta** (f)	[man'gusta]
chinchilla (f)	**cincillà** (f)	[tʃintʃil'la]
mofeta (f)	**moffetta** (f)	[mof'fetta]
espín (m)	**istrice** (m)	['istritʃe]

137. Los animales domésticos

gata (f)	**gatta** (f)	['gatta]
gato (m)	**gatto** (m)	['gatto]
perro (m)	**cane** (m)	['kane]

caballo (m)	**cavallo** (m)	[ka'vallo]
garañón (m)	**stallone** (m)	[stal'lone]
yegua (f)	**giumenta** (f)	[dʒu'menta]
vaca (f)	**mucca** (f)	['mukka]
toro (m)	**toro** (m)	['toro]
buey (m)	**bue** (m)	['bue]
oveja (f)	**pecora** (f)	['pekora]
carnero (m)	**montone** (m)	[mon'tone]
cabra (f)	**capra** (f)	['kapra]
cabrón (m)	**caprone** (m)	[kap'rone]
asno (m)	**asino** (m)	['azino]
mulo (m)	**mulo** (m)	['mulo]
cerdo (m)	**porco** (m)	['porko]
cerdito (m)	**porcellino** (m)	[portʃel'lino]
conejo (m)	**coniglio** (m)	[ko'niʎʎo]
gallina (f)	**gallina** (f)	[gal'lina]
gallo (m)	**gallo** (m)	['gallo]
pato (m)	**anatra** (f)	['anatra]
ánade (m)	**maschio** (m) **dell'anatra**	['maskio dell 'anatra]
ganso (m)	**oca** (f)	['oka]
pavo (m)	**tacchino** (m)	[tak'kino]
pava (f)	**tacchina** (f)	[tak'kina]
animales (m pl) domésticos	**animali** (m pl) **domestici**	[ani'mali do'mestitʃi]
domesticado (adj)	**addomesticato**	[addomesti'kato]
domesticar (vt)	**addomesticare** (vt)	[addomesti'kare]
criar (vt)	**allevare** (vt)	[alle'vare]
granja (f)	**fattoria** (f)	[fatto'ria]
aves (f pl) de corral	**pollame** (m)	[pol'lame]
ganado (m)	**bestiame** (m)	[bes'tjame]
rebaño (m)	**branco** (m), **mandria** (f)	['branko], ['mandria]
caballeriza (f)	**scuderia** (f)	[skude'ria]
porqueriza (f)	**porcile** (m)	[por'tʃile]
vaquería (f)	**stalla** (f)	['stalla]
conejal (m)	**conigliera** (f)	[koniʎ'ʎera]
gallinero (m)	**pollaio** (m)	[pol'lajo]

138. Los pájaros

pájaro (m)	**uccello** (m)	[u'tʃello]
paloma (f)	**colombo** (m), **piccione** (m)	[kolombo], [pi'tʃone]
gorrión (m)	**passero** (m)	['passero]
paro (m)	**cincia** (f)	['tʃintʃa]
cotorra (f)	**gazza** (f)	['gattsa]
cuervo (m)	**corvo** (m)	['korvo]

corneja (f)	**cornacchia** (f)	[kor'nakkia]
chova (f)	**taccola** (f)	['takkola]
grajo (m)	**corvo** (m) **nero**	['korvo 'nero]
pato (m)	**anatra** (f)	['anatra]
ganso (m)	**oca** (f)	['oka]
faisán (m)	**fagiano** (m)	[fa'ʤano]
águila (f)	**aquila** (f)	['akwila]
azor (m)	**astore** (m)	[a'store]
halcón (m)	**falco** (m)	['falko]
buitre (m)	**grifone** (m)	[gri'fone]
cóndor (m)	**condor** (m)	['kondor]
cisne (m)	**cigno** (m)	['ʧiɲo]
grulla (f)	**gru** (f)	[gru]
cigüeña (f)	**cicogna** (f)	[ʧi'koɲa]
loro (m), papagayo (m)	**pappagallo** (m)	[pappa'gallo]
colibrí (m)	**colibrì** (m)	[koli'bri]
pavo (m) real	**pavone** (m)	[pa'vone]
avestruz (m)	**struzzo** (m)	['struttso]
garza (f)	**airone** (m)	[ai'rone]
flamenco (m)	**fenicottero** (m)	[feni'kottero]
pelícano (m)	**pellicano** (m)	[pelli'kano]
ruiseñor (m)	**usignolo** (m)	[uzi'ɲolo]
golondrina (f)	**rondine** (f)	['rondine]
tordo (m)	**tordo** (m)	['tordo]
zorzal (m)	**tordo** (m) **sasello**	['tordo sa'zello]
mirlo (m)	**merlo** (m)	['merlo]
vencejo (m)	**rondone** (m)	[ron'done]
alondra (f)	**allodola** (f)	[al'lodola]
codorniz (f)	**quaglia** (f)	['kwaʎʎa]
pico (m)	**picchio** (m)	['pikkio]
cuco (m)	**cuculo** (m)	['kukulo]
lechuza (f)	**civetta** (f)	[ʧi'vetta]
búho (m)	**gufo** (m) **reale**	['gufo re'ale]
urogallo (m)	**urogallo** (m)	[uro'gallo]
gallo lira (m)	**fagiano** (m) **di monte**	[fa'ʤano di 'monte]
perdiz (f)	**pernice** (f)	[per'niʧe]
estornino (m)	**storno** (m)	['storno]
canario (m)	**canarino** (m)	[kana'rino]
ortega (f)	**francolino** (m) **di monte**	[franko'lino di 'monte]
pinzón (m)	**fringuello** (m)	[frin'gwello]
camachuelo (m)	**ciuffolotto** (m)	[ʧuffo'lotto]
gaviota (f)	**gabbiano** (m)	[gab'bjano]
albatros (m)	**albatro** (m)	['albatro]
pingüino (m)	**pinguino** (m)	[pin'gwino]

139. Los peces. Los animales marinos

brema (f)	**abramide** (f)	[a'bramide]
carpa (f)	**carpa** (f)	['karpa]
perca (f)	**perca** (f)	['perka]
siluro (m)	**pesce** (m) **gatto**	['peʃe 'gatto]
lucio (m)	**luccio** (m)	['lutʃo]
salmón (m)	**salmone** (m)	[sal'mone]
esturión (m)	**storione** (m)	[sto'rjone]
arenque (m)	**aringa** (f)	[a'ringa]
salmón (m) del Atlántico	**salmone** (m)	[sal'mone]
caballa (f)	**scombro** (m)	['skombro]
lenguado (m)	**sogliola** (f)	['soʎʎoʎa]
lucioperca (m)	**lucioperca** (f)	[lutʃo'perka]
bacalao (m)	**merluzzo** (m)	[mer'luttso]
atún (m)	**tonno** (m)	['tonno]
trucha (f)	**trota** (f)	['trota]
anguila (f)	**anguilla** (f)	[an'gwilla]
tembladera (f)	**torpedine** (f)	[tor'pedine]
morena (f)	**murena** (f)	[mu'rena]
piraña (f)	**piranha, piragna** (f)	[pi'rania]
tiburón (m)	**squalo** (m)	['skwalo]
delfín (m)	**delfino** (m)	[del'fino]
ballena (f)	**balena** (f)	[ba'lena]
centolla (f)	**granchio** (m)	['graŋkio]
medusa (f)	**medusa** (f)	[me'duza]
pulpo (m)	**polpo** (m)	['polpo]
estrella (f) de mar	**stella** (f) **marina**	['stella ma'rina]
erizo (m) de mar	**riccio** (m) **di mare**	['ritʃo di 'mare]
caballito (m) de mar	**cavalluccio** (m) **marino**	[kaval'lutʃo ma'rino]
ostra (f)	**ostrica** (f)	['ostrika]
camarón (m)	**gamberetto** (m)	[gambe'retto]
bogavante (m)	**astice** (m)	['astitʃe]
langosta (f)	**aragosta** (f)	[ara'gosta]

140. Los anfibios. Los reptiles

serpiente (f)	**serpente** (m)	[ser'pente]
venenoso (adj)	**velenoso**	[vele'nozo]
víbora (f)	**vipera** (f)	['vipera]
cobra (f)	**cobra** (m)	['kobra]
pitón (m)	**pitone** (m)	[pi'tone]
boa (f)	**boa** (m)	['boa]
culebra (f)	**biscia** (f)	['biʃa]

serpiente (m) de cascabel	**serpente** (m) **a sonagli**	[ser'pente a so'naʎʎi]
anaconda (f)	**anaconda** (f)	[ana'konda]
lagarto (f)	**lucertola** (f)	[lu'ʧertola]
iguana (f)	**iguana** (f)	[i'gwana]
varano (m)	**varano** (m)	[va'rano]
salamandra (f)	**salamandra** (f)	[sala'mandra]
camaleón (m)	**camaleonte** (m)	[kamale'onte]
escorpión (m)	**scorpione** (m)	[skor'pjone]
tortuga (f)	**tartaruga** (f)	[tarta'ruga]
rana (f)	**rana** (f)	['rana]
sapo (m)	**rospo** (m)	['rospo]
cocodrilo (m)	**coccodrillo** (m)	[kokko'drillo]

141. Los insectos

insecto (m)	**insetto** (m)	[in'setto]
mariposa (f)	**farfalla** (f)	[far'falla]
hormiga (f)	**formica** (f)	[for'mika]
mosca (f)	**mosca** (f)	['moska]
mosquito (m) (picadura de ~)	**zanzara** (f)	[ʤan'ʤara]
escarabajo (m)	**scarabeo** (m)	[skara'beo]
avispa (f)	**vespa** (f)	['vespa]
abeja (f)	**ape** (f)	['ape]
abejorro (m)	**bombo** (m)	['bombo]
moscardón (m)	**tafano** (m)	[ta'fano]
araña (f)	**ragno** (m)	['raɲo]
telaraña (f)	**ragnatela** (f)	[raɲa'tela]
libélula (f)	**libellula** (f)	[li'bellula]
saltamontes (m)	**cavalletta** (f)	[kaval'letta]
mariposa (f) nocturna	**farfalla** (f) **notturna**	[far'falla not'turna]
cucaracha (f)	**scarafaggio** (m)	[skara'faʤʒo]
garrapata (f)	**zecca** (f)	['tsekka]
pulga (f)	**pulce** (f)	['pulʧe]
mosca (f) negra	**moscerino** (m)	[moʃe'rino]
langosta (f)	**locusta** (f)	[lo'kusta]
caracol (m)	**lumaca** (f)	[lu'maka]
grillo (m)	**grillo** (m)	['grillo]
luciérnaga (f)	**lucciola** (f)	['luʧola]
mariquita (f)	**coccinella** (f)	[koʧi'nella]
escarabajo (m) sanjuanero	**maggiolino** (m)	[maʤʒo'lino]
sanguijuela (f)	**sanguisuga** (f)	[sangwi'zuga]
oruga (f)	**bruco** (m)	['bruko]
gusano (m)	**verme** (m)	['verme]
larva (f)	**larva** (m)	['larva]

La flora

142. Los árboles

árbol (m)	**albero** (m)	['albero]
foliáceo (adj)	**deciduo**	[de'ʧiduo]
conífero (adj)	**conifero**	[ko'nifero]
de hoja perenne	**sempreverde**	[sempre'verde]
manzano (m)	**melo** (m)	['melo]
peral (m)	**pero** (m)	['pero]
cerezo (m)	**ciliegio** (m)	[ʧi'ljeʤo]
guindo (m)	**amareno** (m)	[ama'reno]
ciruelo (m)	**prugno** (m)	['pruɲo]
abedul (m)	**betulla** (f)	[be'tulla]
roble (m)	**quercia** (f)	['kwerʧa]
tilo (m)	**tiglio** (m)	['tiʎʎo]
pobo (m)	**pioppo** (m) **tremolo**	['pjoppo 'tremolo]
arce (m)	**acero** (m)	['aʧero]
picea (m)	**abete** (m)	[a'bete]
pino (m)	**pino** (m)	['pino]
alerce (m)	**larice** (m)	['lariʧe]
abeto (m)	**abete** (m) **bianco**	[a'bete 'bjanko]
cedro (m)	**cedro** (m)	['ʧedro]
álamo (m)	**pioppo** (m)	['pjoppo]
serbal (m)	**sorbo** (m)	['sorbo]
sauce (m)	**salice** (m)	['saliʧe]
aliso (m)	**alno** (m)	['alno]
haya (f)	**faggio** (m)	['faʤo]
olmo (m)	**olmo** (m)	['olmo]
fresno (m)	**frassino** (m)	['frassino]
castaño (m)	**castagno** (m)	[ka'staɲo]
magnolia (f)	**magnolia** (f)	[ma'ɲolia]
palmera (f)	**palma** (f)	['palɱa]
ciprés (m)	**cipresso** (m)	[ʧi'presso]
mangle (m)	**mangrovia** (f)	[man'growia]
baobab (m)	**baobab** (m)	[bao'bab]
eucalipto (m)	**eucalipto** (m)	[ewka'lipto]
secoya (f)	**sequoia** (f)	[se'kwoja]

143. Los arbustos

mata (f)	**cespuglio** (m)	[ʧes'puʎʎo]
arbusto (m)	**arbusto** (m)	[ar'busto]

vid (f)	**vite** (f)	['vite]
viñedo (m)	**vigneto** (m)	[vi'ɲeto]
frambueso (m)	**lampone** (m)	[lam'pone]
grosellero (f) rojo	**ribes** (m) **rosso**	['ribes 'rosso]
grosellero (m) espinoso	**uva** (f) **spina**	['uva 'spina]
acacia (f)	**acacia** (f)	[a'katʃa]
berberís (m)	**crespino** (m)	[kres'pino]
jazmín (m)	**gelsomino** (m)	[dʒelso'mino]
enebro (m)	**ginepro** (m)	[dʒi'nepro]
rosal (m)	**roseto** (m)	[ro'zeto]
escaramujo (m)	**rosa** (f) **canina**	['roza ka'nina]

144. Las frutas. Las bayas

fruto (m)	**frutto** (m)	['frutto]
frutos (m pl)	**frutti** (m pl)	['frutti]
manzana (f)	**mela** (f)	['mela]
pera (f)	**pera** (f)	['pera]
ciruela (f)	**prugna** (f)	['pruɲa]
fresa (f)	**fragola** (f)	['fragola]
guinda (f)	**amarena** (f)	[ama'rena]
cereza (f)	**ciliegia** (f)	[tʃi'ljedʒa]
uva (f)	**uva** (f)	['uva]
frambuesa (f)	**lampone** (m)	[lam'pone]
grosella (f) negra	**ribes** (m) **nero**	['ribes 'nero]
grosella (f) roja	**ribes** (m) **rosso**	['ribes 'rosso]
grosella (f) espinosa	**uva** (f) **spina**	['uva 'spina]
arándano (m) agrio	**mirtillo** (m) **di palude**	[mir'tillo di pa'lude]
naranja (f)	**arancia** (f)	[a'rantʃa]
mandarina (f)	**mandarino** (m)	[manda'rino]
ananás (m)	**ananas** (m)	[ana'nas]
banana (f)	**banana** (f)	[ba'nana]
dátil (m)	**dattero** (m)	['dattero]
limón (m)	**limone** (m)	[li'mone]
albaricoque (m)	**albicocca** (f)	[albi'kokka]
melocotón (m)	**pesca** (f)	['peska]
kiwi (m)	**kiwi** (m)	['kiwi]
pomelo (m)	**pompelmo** (m)	[pom'pelmo]
baya (f)	**bacca** (f)	['bakka]
bayas (f pl)	**bacche** (f pl)	['bakke]
arándano (m) rojo	**mirtillo** (m) **rosso**	[mir'tillo 'rosso]
fresa (f) silvestre	**fragola** (f) **di bosco**	['fragola di 'bosko]
arándano (m)	**mirtillo** (m)	[mir'tillo]

145. Las flores. Las plantas

flor (f)	**fiore** (m)	['fjore]
ramo (m) de flores	**mazzo** (m) **di fiori**	['mattso di 'fjori]
rosa (f)	**rosa** (f)	['roza]
tulipán (m)	**tulipano** (m)	[tuli'pano]
clavel (m)	**garofano** (m)	[ga'rofano]
gladiolo (m)	**gladiolo** (m)	[gla'djolo]
aciano (m)	**fiordaliso** (m)	[fjorda'lizo]
campanilla (f)	**campanella** (f)	[kampa'nella]
diente (m) de león	**soffione** (m)	[sof'fjone]
manzanilla (f)	**camomilla** (f)	[kamo'milla]
áloe (m)	**aloe** (m)	['aloe]
cacto (m)	**cactus** (m)	['kaktus]
ficus (m)	**ficus** (m)	['fikus]
azucena (f)	**giglio** (m)	['ʤiʎʎo]
geranio (m)	**geranio** (m)	[ʤe'ranio]
jacinto (m)	**giacinto** (m)	[ʤa'ʧinto]
mimosa (f)	**mimosa** (f)	[mi'moza]
narciso (m)	**narciso** (m)	[nar'ʧizo]
capuchina (f)	**nasturzio** (m)	[na'sturtsio]
orquídea (f)	**orchidea** (f)	[orki'dea]
peonía (f)	**peonia** (f)	[pe'onia]
violeta (f)	**viola** (f)	[vi'ola]
trinitaria (f)	**viola** (f) **del pensiero**	[vi'ola del pen'sjero]
nomeolvides (f)	**nontiscordardimé** (m)	[non·ti·skordar·di'me]
margarita (f)	**margherita** (f)	[marge'rita]
amapola (f)	**papavero** (m)	[pa'pavero]
cáñamo (m)	**canapa** (f)	['kanapa]
menta (f)	**menta** (f)	['menta]
muguete (m)	**mughetto** (m)	[mu'getto]
campanilla (f) de las nieves	**bucaneve** (m)	[buka'neve]
ortiga (f)	**ortica** (f)	[or'tika]
acedera (f)	**acetosa** (f)	[aʧe'toza]
nenúfar (m)	**ninfea** (f)	[nin'fea]
helecho (m)	**felce** (f)	['felʧe]
liquen (m)	**lichene** (m)	[li'kene]
invernadero (m) tropical	**serra** (f)	['serra]
césped (m)	**prato** (m) **erboso**	['prato er'bozo]
macizo (m) de flores	**aiuola** (f)	[aju'ola]
planta (f)	**pianta** (f)	['pjanta]
hierba (f)	**erba** (f)	['erba]
hoja (f) de hierba	**filo** (m) **d'erba**	['filo 'derba]

hoja (f)	**foglia** (f)	['foʎʎa]
pétalo (m)	**petalo** (m)	['petalo]
tallo (m)	**stelo** (m)	['stelo]
tubérculo (m)	**tubero** (m)	['tubero]
retoño (m)	**germoglio** (m)	[ʤer'moʎʎo]
espina (f)	**spina** (f)	['spina]
florecer (vi)	**fiorire** (vi)	[fjo'rire]
marchitarse (vr)	**appassire** (vi)	[appas'sire]
olor (m)	**odore** (m), **profumo** (m)	[o'dore], [pro'fumo]
cortar (vt)	**tagliare** (vt)	[taʎ'ʎare]
coger (una flor)	**cogliere** (vt)	['koʎʎere]

146. Los cereales, los granos

grano (m)	**grano** (m)	['grano]
cereales (m pl) (plantas)	**cereali** (m pl)	[ʧere'ali]
espiga (f)	**spiga** (f)	['spiga]
trigo (m)	**frumento** (m)	[fru'mento]
centeno (m)	**segale** (f)	['segale]
avena (f)	**avena** (f)	[a'vena]
mijo (m)	**miglio** (m)	['miʎʎo]
cebada (f)	**orzo** (m)	['ortso]
maíz (m)	**mais** (m)	['mais]
arroz (m)	**riso** (m)	['rizo]
alforfón (m)	**grano** (m) **saraceno**	['grano sara'ʧeno]
guisante (m)	**pisello** (m)	[pi'zello]
fréjol (m)	**fagiolo** (m)	[fa'ʤolo]
soya (f)	**soia** (f)	['soja]
lenteja (f)	**lenticchie** (f pl)	[len'tikkje]
habas (f pl)	**fave** (f pl)	['fave]

LOS PAÍSES. LAS NACIONALIDADES

147. Europa occidental

Europa (f)	**Europa** (f)	[eu'ropa]
Unión (f) Europea	**Unione** (f) **Europea**	[uni'one euro'pea]
Austria (f)	**Austria** (f)	['austria]
Gran Bretaña (f)	**Gran Bretagna** (f)	[gran bre'taɲa]
Inglaterra (f)	**Inghilterra** (f)	[ingil'terra]
Bélgica (f)	**Belgio** (m)	['beldʒo]
Alemania (f)	**Germania** (f)	[dʒer'mania]
Países Bajos (m pl)	**Paesi Bassi** (m pl)	[pa'ezi 'bassi]
Holanda (f)	**Olanda** (f)	[o'landa]
Grecia (f)	**Grecia** (f)	['gretʃa]
Dinamarca (f)	**Danimarca** (f)	[dani'marka]
Irlanda (f)	**Irlanda** (f)	[ir'landa]
Islandia (f)	**Islanda** (f)	[iz'landa]
España (f)	**Spagna** (f)	['spaɲa]
Italia (f)	**Italia** (f)	[i'talia]
Chipre (m)	**Cipro** (m)	['tʃipro]
Malta (f)	**Malta** (f)	['malta]
Noruega (f)	**Norvegia** (f)	[nor'vedʒa]
Portugal (f)	**Portogallo** (f)	[porto'gallo]
Finlandia (f)	**Finlandia** (f)	[fin'landia]
Francia (f)	**Francia** (f)	['frantʃa]
Suecia (f)	**Svezia** (f)	['zvetsia]
Suiza (f)	**Svizzera** (f)	['zvittsera]
Escocia (f)	**Scozia** (f)	['skotsia]
Vaticano (m)	**Vaticano** (m)	[vati'kano]
Liechtenstein (m)	**Liechtenstein** (m)	['liktenstajn]
Luxemburgo (m)	**Lussemburgo** (m)	[lussem'burgo]
Mónaco (m)	**Monaco** (m)	['monako]

148. Europa central y oriental

Albania (f)	**Albania** (f)	[alba'nia]
Bulgaria (f)	**Bulgaria** (f)	[bulga'ria]
Hungría (f)	**Ungheria** (f)	[unge'ria]
Letonia (f)	**Lettonia** (f)	[let'tonia]
Lituania (f)	**Lituania** (f)	[litu'ania]
Polonia (f)	**Polonia** (f)	[po'lonia]

Rumania (f)	**Romania** (f)	[roma'nia]
Serbia (f)	**Serbia** (f)	['serbia]
Eslovaquia (f)	**Slovacchia** (f)	[zlo'vakkia]
Croacia (f)	**Croazia** (f)	[kro'atsia]
Chequia (f)	**Repubblica** (f) **Ceca**	[re'pubblika 'ʧeka]
Estonia (f)	**Estonia** (f)	[es'tonia]
Bosnia y Herzegovina	**Bosnia-Erzegovina** (f)	['boznia-ertse'govina]
Macedonia	**Macedonia** (f)	[maʧe'donia]
Eslovenia	**Slovenia** (f)	[zlo'venia]
Montenegro (m)	**Montenegro** (m)	[monte'negro]

149. Los países de la antes Unión Soviética

Azerbaidzhán (m)	**Azerbaigian** (m)	[azerbaj'ʤan]
Armenia (f)	**Armenia** (f)	[ar'menia]
Bielorrusia (f)	**Bielorussia** (f)	[bjelo'russia]
Georgia (f)	**Georgia** (f)	[ʤe'orʤa]
Kazajstán (m)	**Kazakistan** (m)	[ka'zakistan]
Kirguizistán (m)	**Kirghizistan** (m)	[kir'gizistan]
Moldavia (f)	**Moldavia** (f)	[mol'davia]
Rusia (f)	**Russia** (f)	['russia]
Ucrania (f)	**Ucraina** (f)	[uk'raina]
Tayikistán (m)	**Tagikistan** (m)	[ta'ʤikistan]
Turkmenia (f)	**Turkmenistan** (m)	[turk'menistan]
Uzbekistán (m)	**Uzbekistan** (m)	[uz'bekistan]

150. Asia

Asia (f)	**Asia** (f)	['azia]
Vietnam (m)	**Vietnam** (m)	['vjetnam]
India (f)	**India** (f)	['india]
Israel (m)	**Israele** (m)	[izra'ele]
China (f)	**Cina** (f)	['ʧina]
Líbano (m)	**Libano** (m)	['libano]
Mongolia (f)	**Mongolia** (f)	[mo'ngolia]
Malasia (f)	**Malesia** (f)	[ma'lezia]
Pakistán (m)	**Pakistan** (m)	['pakistan]
Arabia (f) Saudita	**Arabia Saudita** (f)	[a'rabia sau'dita]
Tailandia (f)	**Tailandia** (f)	[taj'landia]
Taiwán (m)	**Taiwan** (m)	[taj'van]
Turquía (f)	**Turchia** (f)	[tur'kia]
Japón (m)	**Giappone** (m)	[ʤap'pone]
Afganistán (m)	**Afghanistan** (m)	[af'ganistan]
Bangladesh (m)	**Bangladesh** (m)	['bangladeʃ]

Indonesia (f)	**Indonesia** (f)	[indo'nezia]
Jordania (f)	**Giordania** (f)	[ʤor'dania]
Irak (m)	**Iraq** (m)	['irak]
Irán (m)	**Iran** (m)	['iran]
Camboya (f)	**Cambogia** (f)	[kam'boʤa]
Kuwait (m)	**Kuwait** (m)	[ku'vejt]
Laos (m)	**Laos** (m)	['laos]
Myanmar (m)	**Birmania** (f)	[bir'mania]
Nepal (m)	**Nepal** (m)	[ne'pal]
Emiratos (m pl) Árabes Unidos	**Emirati** (m pl) **Arabi**	[emi'rati 'arabi]
Siria (f)	**Siria** (f)	['siria]
Palestina (f)	**Palestina** (f)	[pale'stina]
Corea (f) del Sur	**Corea** (f) **del Sud**	[ko'rea del sud]
Corea (f) del Norte	**Corea** (f) **del Nord**	[ko'rea del nord]

151. América del Norte

Estados Unidos de América (m pl)	**Stati** (m pl) **Uniti d'America**	['stati u'niti da'merika]
Canadá (f)	**Canada** (m)	['kanada]
Méjico (m)	**Messico** (m)	['messiko]

152. Centroamérica y Sudamérica

Argentina (f)	**Argentina** (f)	[arʤen'tina]
Brasil (f)	**Brasile** (m)	[bra'zile]
Colombia (f)	**Colombia** (f)	[ko'lombia]
Cuba (f)	**Cuba** (f)	['kuba]
Chile (m)	**Cile** (m)	['ʧile]
Bolivia (f)	**Bolivia** (f)	[bo'livia]
Venezuela (f)	**Venezuela** (f)	[venetsu'ela]
Paraguay (m)	**Paraguay** (m)	[para'gwaj]
Perú (m)	**Perù** (m)	[pe'ru]
Surinam (m)	**Suriname** (m)	[suri'name]
Uruguay (m)	**Uruguay** (m)	[uru'gwaj]
Ecuador (m)	**Ecuador** (m)	[ekva'dor]
Islas (f pl) Bahamas	**le Bahamas**	[le ba'amas]
Haití (m)	**Haiti** (m)	[a'iti]
República (f) Dominicana	**Repubblica** (f) **Dominicana**	[re'pubblika domini'kana]
Panamá (f)	**Panama** (m)	['panama]
Jamaica (f)	**Giamaica** (f)	[ʤa'majka]

153. África

Egipto (m)	**Egitto** (m)	[e'ʤitto]
Marruecos (m)	**Marocco** (m)	[ma'rokko]
Túnez (m)	**Tunisia** (f)	[tuni'zia]
Ghana (f)	**Ghana** (m)	['gana]
Zanzíbar (m)	**Zanzibar**	['ʣanʣibar]
Kenia (f)	**Kenya** (m)	['kenia]
Libia (f)	**Libia** (f)	['libia]
Madagascar (m)	**Madagascar** (m)	[madagas'kar]
Namibia (f)	**Namibia** (f)	[na'mibia]
Senegal	**Senegal** (m)	[sene'gal]
Tanzania (f)	**Tanzania** (f)	[tan'ʣania]
República (f) Sudafricana	**Repubblica** (f) **Sudafricana**	[re'pubblika sudafri'kana]

154. Australia. Oceanía

Australia (f)	**Australia** (f)	[au'stralia]
Nueva Zelanda (f)	**Nuova Zelanda** (f)	[nu'ova ʣe'landa]
Tasmania (f)	**Tasmania** (f)	[taz'mania]
Polinesia (f) Francesa	**Polinesia** (f) **Francese**	[poli'nezia fran'ʧeze]

155. Las ciudades

Ámsterdam	**Amsterdam**	['amsterdam]
Ankara	**Ankara**	['ankara]
Atenas	**Atene**	[a'tene]
Bagdad	**Baghdad**	[bag'dad]
Bangkok	**Bangkok**	[baŋ'kok]
Barcelona	**Barcellona**	[barʧel'lona]
Beirut	**Beirut**	['bejrut]
Berlín	**Berlino**	[ber'lino]
Bombay	**Bombay, Mumbai**	[bom'bej], [mum'baj]
Bonn	**Bonn**	[bonn]
Bratislava	**Bratislava**	[brati'zlava]
Bruselas	**Bruxelles**	[bruk'sel]
Bucarest	**Bucarest**	['bukarest]
Budapest	**Budapest**	['budapest]
Burdeos	**Bordeaux**	[bor'do]
El Cairo	**Il Cairo**	[il 'kairo]
Calcuta	**Calcutta**	[kal'kutta]
Chicago	**Chicago**	[ʧi'kago]
Copenhague	**Copenaghen**	[kope'nagen]
Dar-es-Salam	**Dar es Salaam**	[dar es sala'am]
Delhi	**Delhi**	['deli]

Dubai	**Dubai**	[du'bai]
Dublín	**Dublino**	[du'blino]
Dusseldorf	**Düsseldorf**	['dysseldorf]
Estambul	**Istanbul**	['istanbul]
Estocolmo	**Stoccolma**	[stok'kolma]
Florencia	**Firenze**	[fi'rentse]
Fráncfort del Meno	**Francoforte**	[franko'forte]
Ginebra	**Ginevra**	[dʒi'nevra]
La Habana	**L'Avana**	[la'vana]
Hamburgo	**Amburgo**	[am'burgo]
Hanói	**Hanoi**	[a'noj]
La Haya	**L'Aia**	['laja]
Helsinki	**Helsinki**	['elsinki]
Hiroshima	**Hiroshima**	[iro'ʃima]
Hong Kong (m)	**Hong Kong**	[on'kong]
Jerusalén	**Gerusalemme**	[dʒeruza'lemme]
Kiev	**Kiev**	['kiev]
Kuala Lumpur	**Kuala Lumpur**	[ku'ala 'lumpur]
Lisboa	**Lisbona**	[liz'bona]
Londres	**Londra**	['londra]
Los Ángeles	**Los Angeles**	[los 'endʒeles]
Lyon	**Lione**	[li'one]
Madrid	**Madrid**	[ma'drid]
Marsella	**Marsiglia**	[mar'siʎʎa]
Méjico	**Città del Messico**	[tʃit'ta del 'messiko]
Miami	**Miami**	[ma'jami]
Montreal	**Montreal**	[monre'al]
Moscú	**Mosca**	['moska]
Munich	**Monaco di Baviera**	['monako di ba'vjera]
Nairobi	**Nairobi**	[naj'robi]
Nápoles	**Napoli**	['napoli]
Niza	**Nizza**	['nittsa]
Nueva York	**New York**	[nju 'jork]
Oslo	**Oslo**	['ozlo]
Ottawa	**Ottawa**	[ot'tava]
París	**Parigi**	[pa'ridʒi]
Pekín	**Pechino**	[pe'kino]
Praga	**Praga**	['praga]
Río de Janeiro	**Rio de Janeiro**	['rio de ʒa'nejro]
Roma	**Roma**	['roma]
San Petersburgo	**San Pietroburgo**	[san pjetro'burgo]
Seúl	**Seoul**	[se'ul]
Shanghái	**Shanghai**	[ʃan'gaj]
Singapur	**Singapore**	[singa'pore]
Sydney	**Sidney**	[sid'nej]
Taipei	**Taipei**	[taj'pej]
Tokio	**Tokio**	['tokio]

Toronto	**Toronto**	[to'ronto]
Varsovia	**Varsavia**	[var'savia]
Venecia	**Venezia**	[ve'netsia]
Viena	**Vienna**	['vjenna]
Washington	**Washington**	['woʃinton]

Made in the USA
Columbia, SC
09 July 2020